A Igreja de Jesus

Francisco de Aquino Júnior

A Igreja de Jesus

Missão e constituição

Dados Internacionais de Catalogação na Publicação (CIP)
Angélica Ilacqua CRB-8/7057

Aquino Júnior, Francisco de
A Igreja de Jesus: missão e constituição / Francisco de Aquino Júnior. – São Paulo: Paulinas, 2021.
120 p. (Coleção Primícias)

ISBN 978-65-5808-088-6

1. Igreja Católica 2. Igreja Católica - Missão 3. Eclesiologia 4. Concílio Vaticano II (1962-1965) I. Título II. Série

21-3042 CDD 262

Índice para catálogo sistemático:
1. Igreja Católica   262

1ª edição – 2021

Direção-geral:	*Flávia Reginatto*
Editores responsáveis:	*Vera Ivanise Bombonatto*
	João Décio Passos
Copidesque:	*Mônica Elaine G. S. da Costa*
Coordenação de revisão:	*Marina Mendonça*
Revisão:	*Sandra Sinzato*
Gerente de produção:	*Felício Calegaro Neto*
Capa e projeto gráfico:	*Tiago Filu*

Nenhuma parte desta obra poderá ser reproduzida ou transmitida por qualquer forma e/ou quaisquer meios (eletrônico ou mecânico, incluindo fotocópia e gravação) ou arquivada em qualquer sistema ou banco de dados sem permissão escrita da Editora. Direitos reservados.

Paulinas
Rua Dona Inácia Uchoa, 62
04110-020 – São Paulo – SP (Brasil)
Tel.: (11) 2125-3500
http://www.paulinas.com.br – editora@paulinas.com.br
Telemarketing e SAC: 0800-7010081
© Pia Sociedade Filhas de São Paulo – São Paulo, 2021

*Em memória agradecida e comprometida de
Dom Fragoso e Pe. Alfredinho, profetas do Reino nos sertões
de Crateús e dos Inhamuns – CE (no centenário de seu nascimento).*

Siglas e abreviações

AG	Decreto *Ad gentes*
AL	Carta Encíclica *Amoris laetitia*
DAp	Documento de Aparecida – V Conferência Geral do Episcopado Latino-americano
CEBs	Comunidades Eclesiais de Base
CELAM	Conselho Episcopal Latino-americano
DCE	Carta Encíclica *Deus caritas est*
DGAE	Diretrizes Gerais da Ação Evangelizadora na Igreja do Brasil (2019-2023)
DV	Constituição Dogmática *Dei verbum*
EG	Exortação Apostólica *Evangelii gaudium*
GE	Exortação Apostólica *Gaudete et exsultate*
GS	Constituição Pastoral *Gaudium et spes*
LE	Carta Encíclica *Laborem exercens*

LG	Constituição Dogmática *Lumen gentium*
Medellín	II Conferência Geral do Episcopado Latino-americano
NA	Declaração *Nostra aetate*
NMI	Carta Apostólica *Novo millennio ineunte*
Puebla	III Conferência Geral do Episcopado Latino-americano
RICA	Ritual de Iniciação Cristã de Adultos
RM	Carta Encíclica *Redemptoris missio*
SA	Sínodo para a Amazônia: Documento Final
Santo Domingo	IV Conferência Geral do Episcopado Latino-americano
SC	Constituição *Sacrosanctum concilium*
SRS	Carta Encíclica *Sollicitudo rei socialis*
TMA	Carta Apostólica *Tertio millennio adveniente*
UR	Decreto *Unitatis redintegratio* sobre o ecumenismo
UUS	Carta Encíclica *Ut unum sint*

Sumário

Introdução 11

Capítulo I | Processo de renovação da Igreja 15

   1. Concílio Vaticano II 16
   2. Recepção latino-americana do Concílio 20
   3. Francisco e a tradição conciliar/latino-americana 23

Capítulo II | Igreja: sacramento do reinado de Deus 27

   1. Relação Jesus Cristo – Igreja 30
   2. Igreja – "sinal e instrumento" do reinado de Deus 33
   3. Imagens bíblicas da Igreja 36
   4. Notas constitutivas da Igreja 42
   5. "Igreja dos pobres" 50
   6. Dimensão ecumênica e inter-religiosa 53

Capítulo III | Igreja: povo de Deus 57

   1. Comunidade 60
   2. Carismas e ministérios 71
   3. Sinodalidade 81

Capítulo IV | Desafios eclesiológicos 93
   1. "Recuperar o projeto de Jesus" 96
   2. Deixar-se "guiar pelo Espírito" 99
   3. Viver em comunidade 102
   4. "Não deixar cair a profecia" 105

A modo de conclusão:
por uma Igreja verdadeiramente eucarística 109

Referências bibliográficas 113

Introdução

O *Concílio Vaticano II* provocou uma mudança muito grande na Igreja, tanto no que diz respeito à sua missão no mundo (sacramento de salvação ou do reinado de Deus) quanto à sua constituição e organização (povo de Deus, com seus carismas e ministérios). E a *Igreja latino-americana*, a partir da Conferência de Medellín, concretizou essa missão em termos de libertação e também concretizou o povo de Deus, a partir de comunidades eclesiais de base e das várias estruturas de comunhão e participação na Igreja. Inserido nessa tradição conciliar/latino-americana, o *papa Francisco* tem retomado com vigor e criatividade esse processo de renovação eclesial. Tem insistido muito em uma renovação missionária da Igreja como movimento de "saída para as periferias" e na recuperação de seu dinamismo sinodal como forma e caminho de renovação/reforma das estruturas da Igreja.

Tudo isso tem provocado muita reação na comunidade eclesial. E não poderia ser diferente, já que está em jogo aqui a identidade mesma da Igreja em sua missão e constituição. Alguns veem e vivem esse processo com alegria e entusiasmo: um "novo pentecostes", uma "volta às fontes", uma "nova primavera", uma renovação evangélica da Igreja. Outros veem e vivem esse processo com tristeza e indignação: mundanização da Igreja, ruptura ou negação da tradição, heresia etc. Essas diferenças produzem conflitos e divisões, que muitas vezes terminam em agressões e inimizades.

O objetivo deste pequeno livro de eclesiologia é ajudar a refletir sobre o mistério da Igreja a partir do Concílio Vaticano II, de sua recepção latino-americana e de sua retomada pelo papa Francisco. E o objetivo desta reflexão é colaborar com a retomada do processo de renovação eclesial. Para isso, começaremos falando do movimento de renovação da Igreja desencadeado pelo Concílio; trataremos de dois pontos fundamentais nesse processo: missão e constituição da Igreja; e concluiremos indicando alguns desafios atuais no processo de renovação/reforma da Igreja.

Do ponto de vista do conteúdo, não há propriamente novidade neste texto. No máximo, poder-se-ia destacar a escolha, a formulação e a articulação dos temas que, por si mesmas, revelam uma compreensão da Igreja. O que faremos aqui é simplesmente retomar alguns pontos importantes sobre o mistério da Igreja, presentes em documentos do magistério e na reflexão dos teólogos. A novidade mesma talvez esteja na forma e na linguagem do texto. Em geral, os escritos teológicos sobre a Igreja são textos grandes, com muitas informações, com muitos termos técnicos que dificultam sua leitura e compreensão para pessoas que não têm hábito de leitura nem estão familiarizadas com a linguagem mais técnica da teologia. Sem comprometer a seriedade e o rigor da reflexão, pretendemos oferecer um texto relativamente pequeno, centrado em pontos essenciais da vida da Igreja, sem muito tecnicismo, com estilo, linguagem e, acima de tudo, sabor e espírito evangélico-pastoral.

Oxalá a leitura deste texto ajude a redescobrir o caráter e o dinamismo salvíficos da missão da Igreja; revigore os vínculos e a alegria da pertença e corresponsabilidade eclesiais; e contribua no processo permanente de renovação/reforma da Igreja em movimento de "saída para as periferias" e em "dinamismo sinodal".

Limoeiro do Norte – CE

Festa de Pentecostes

(em tempos de pandemia do coronavírus)

CAPÍTULO I
Processo de renovação da Igreja

Muita coisa mudou na Igreja nas últimas décadas: litúrgica (língua vernácula, participação da comunidade, ministérios); compreensão da Igreja (povo de Deus com seus carismas e ministérios, discípulos-missionários); envolvimento com os problemas da sociedade; opção preferencial pelos pobres; surgimento de comunidades, pastorais e movimentos; assembleias, conselhos, coordenações; bispos e padres mais próximos do povo; conferências e sínodos dos bispos; lideranças pastorais; encontros e cursos de formação; cursos de teologia etc. A lista seria longa demais... Certamente, há muita distância entre o discurso e a prática, entre os documentos oficiais da Igreja e a vida concreta de nossas paróquias e dioceses. E certamente há opiniões muito diferentes sobre essas mudanças: positivas e negativas. Mas, apesar da distância e das contradições entre a teoria e a prática e da diversidade de posições sobre isso, não se pode negar que houve uma mudança profunda na Igreja a partir da segunda metade do século passado. Talvez muita gente não se dê conta dessa mudança porque já nasceu nesse ambiente novo. Mas basta perguntar a uma pessoa mais idosa como era a Igreja antigamente e o que mudou na Igreja nas últimas décadas para se ter uma ideia do que aconteceu.

Uma mudança assim tão profunda e radical não acontece de uma hora para outra nem a toque de mágica. É fruto de um longo e doloroso processo que envolve ousadia e criatividade, conflitos, incompreensões e até condenações. Para se entender bem essa mudança na Igreja é preciso considerar as profundas transformações que aconteceram na sociedade nos últimos séculos (modernidade), as tensões e os conflitos da Igreja com essas mudanças (Igreja x modernidade) e os esforços teológico-pastorais de pequenos grupos/setores, normalmente incompreendidos e até condenados, de diálogo e interação com o mundo moderno (movimentos de renovação na Igreja).

É nesse contexto que se pode entender a importância e a novidade do Concílio Vaticano II e do movimento de renovação/reforma da Igreja por ele desencadeado. O que era um "movimento" marginal e marginalizado ganha, com João XXIII e o Concílio por ele convocado e inaugurado, densidade e centralidade institucionais. E é no seio desse processo mais amplo de renovação eclesial que se pode compreender a caminhada da Igreja latino-americana e o atual processo de reforma com o papa Francisco.

1. Concílio Vaticano II

Sem dúvida nenhuma, o Concílio Vaticano II (1962-1965) foi o acontecimento mais importante e mais determinante na vida da Igreja católico-romana no século passado.[1] Provocou mudanças profundas na compreensão, na organização e na ação da Igreja. Inaugurou uma nova etapa na história da Igreja. O papa João Paulo II fala do Concílio como um "acontecimento providencial", reconhece que ele marca "uma nova época na vida da Igreja" (*TMA*, 18) e afirma que nele se encontra uma "bússola segura" para orientar a caminhada da Igreja no novo milênio (*NMI*, 57). E o papa Francisco se refere ao Concílio como "uma atualização, uma releitura do Evangelho na perspectiva da cultura contemporânea"; diz que ele "produziu um movimento irreversível de renovação que provém do Evangelho" e que "agora é preciso ir em frente".[2]

É claro que o Concílio é um acontecimento eclesial e só pode ser compreendido dentro da Tradição eclesial. Nesse sentido, não se pode falar de ruptura radical ou de descontinuidade total, tampouco se pode ofuscar ou negar as rupturas que ele provocou com a mentalidade e o estilo de Igreja que se impôs nos últimos séculos. Desse modo, não é possível considerá-lo mera continuidade, como se não tivesse acontecido nada de novo e como se tudo continuasse como antes. Uma compreensão correta e honesta do

---

[1] Cf. VALENTINI, Demétrio. *Revisitar o Concílio Vaticano II*. São Paulo: Paulinas, 2011; ALMEIDA, Antonio José de. ABC do Concílio Vaticano II. São Paulo: Paulinas, 2015; BRIGHENTI, Agenor. *Em que o Vaticano II mudou a Igreja*. São Paulo: Paulinas, 2016; LIBANIO, João Batista. *Concílio Vaticano II*: em busca de uma primeira compreensão. São Paulo: Loyola, 2005; ALBERIGO, Giuseppe. *Breve história do Concílio Vaticano II*. Aparecida: Santuário, 2006.

[2] PAPA FRANCISCO. *Carta por ocasião do centenário da Faculdade de Teologia da Pontifícia Universidade Católica Argentina* (03/03/2015). Disponível em: https://w2.vatican.va/content/francesco/pt/letters/2015/documents/papa-francesco_20150303_lettera-universita-cattolica-argentina.html.

Concílio deve reconhecer sua *novidade eclesial* (descontinuidade) e seu profundo *enraizamento na Tradição da Igreja* (continuidade). Aliás, "toda renovação da Igreja" deve se dar em vista de uma "fidelidade maior à própria vocação". Ela é chamada por Cristo a uma "reforma perene" (*UR*, 6).

Poderíamos falar muitas coisas sobre o Concílio: os movimentos e processos que foram abrindo espaço e criando um ambiente eclesial que tornasse possível seu acontecimento; o processo mais imediato de sua preparação e realização; os grandes temas abordados; as tendências e os conflitos internos, a importância e a contribuição dos papas João XXIII e Paulo VI; os bispos, teólogos e grupos mais influentes, as principais mudanças etc. E sobre isso há muito material disponível.

Vamos destacar aqui apenas dois pontos ou aspectos que consideramos essenciais e decisivos no processo de renovação conciliar da Igreja: sua *missão* de ser "sacramento" de salvação ou do reinado de Deus no mundo e sua *constituição* como "povo de Deus", com seus carismas e ministérios.

O Concílio fala da Igreja a partir e em função de sua missão de ser "sacramento" de salvação ou do reinado de Deus no mundo (*LG*, 1, 5, 9, 48, 59). A Igreja não pode ser pensada apenas como uma organização social, preocupada com o seu funcionamento e o seu crescimento ("sociedade perfeita"). É claro que ela é uma sociedade, instituição ou corpo social. Não é uma abstração. Mas o que caracteriza essa sociedade, instituição ou corpo social é sua missão salvífica. É nesse sentido que o Concílio fala da Igreja como "sacramento". Ela deve ser "sinal e instrumento" (sociedade/instituição/corpo) de salvação ou do reinado de Deus (missão). E essa missão se realiza no mundo e envolve todas as dimensões da vida (*GS*). Não é apenas "salvação da alma" nem se dá apenas "depois da morte". Começa aqui e envolve a totalidade da vida. Por isso, a Igreja não pode ser indiferente ao mundo, aos problemas do mundo. Ela tem que se preocupar e se envolver com os problemas do mundo, já que sua missão consiste precisamente em ser "sinal e instrumento" de salvação ou do reinado de Deus no mundo.

Por outro lado, o Concílio fala da Igreja como "povo de Deus" (*LG*, 9-17) com seus carismas e ministérios. Ela não é constituída apenas pelos ministros ordenados nem é essencialmente uma "sociedade desigual" (clero x leigo). Essa mentalidade que predominou na Igreja durante muitos séculos terminava reduzindo a Igreja à hierarquia e comprometendo a condição de "povo de Deus", que é comum a todos os batizados. É claro que o Concílio não nega a importância, o lugar e a função própria do ministério ordenado. Isso é constitutivo da Igreja. Mas começa tratando do que é comum a todo povo de Deus: "mesma dignidade", "verdadeira igualdade", "sacerdócio comum". E, só então, passa a tratar do ministério ordenado ou "sacerdócio ministerial" e das "formas de vida" que existem no seio do povo de Deus: laicato e vida religiosa.

Isso provocou uma verdadeira revolução na compreensão e no dinamismo da Igreja naquela época; uma revolução que se deu através de uma "volta às fontes" do cristianismo e que significou, como pretendia o papa João XXIII, uma retomada e uma atualização da grande Tradição da Igreja no mundo contemporâneo.

2. Recepção latino-americana do Concílio

O processo de renovação/reforma eclesial desencadeado pelo Concílio Vaticano II encontrou na América Latina sua expressão mais fecunda, mais dinâmica e mais eficaz. Não seria exagero afirmar que a Igreja latino-americana foi a que levou mais a sério e foi mais longe no processo de "recepção criativa" do Concílio.[3]

Um marco fundamental e decisivo nesse processo foi sem dúvida nenhuma a Conferência do Episcopado Latino-americano em Medellín (1968). Ela foi pensada e gestada como "recepção" do Concílio na América Latina ou, na expressão de dom Fragoso, como "esforço de latino-americanizar o Concílio Vaticano II".[4] Dom Helder Camara chega a dizer que, "para a América Latina, as Conclusões desta Conferência – que aplicam ao nosso Continente as determinações do Concílio e, em nome do Concílio, levam-nos a assumir, plenamente, nossa responsabilidade em face do momento histórico da América Latina – devem ter o mesmo sentido que para o mundo inteiro devem ter os documentos conciliares".[5] Não por acaso, falou-se tanto de Medellín como um "autêntico

---

[3] Cf. BEOZZO, José Oscar. *Pacto das Catacumbas*: por uma Igreja servidora e pobre. São Paulo: Paulinas, 2015; BOFF, Leonardo. *E a Igreja se fez povo*: Eclesiogênese – a Igreja que nasce da fé do povo. Petrópolis: Vozes, 1991; CODINA, Victor. *Para compreender a eclesiologia a partir da América Latina*. São Paulo: Paulinas, 1993, p. 185-213; VELASCO, Rufino. *A Igreja de Jesus*: processo histórico da consciência eclesial. Petrópolis: Vozes, 1996, p. 422-443.

[4] Cf. BEOZZO, José Oscar. Medellín: seu contexto em 1968 e sua relevância 50 anos depois. In: GODOY, Manuel; AQUINO JÚNIOR, Francisco de. *50 anos de Medellín*: revisitando os textos, retomando o caminho. São Paulo: Paulinas, 2017, p. 9-27, aqui p. 21.

[5] CAMARA, Dom Helder. *Circulares pós-conciliares*: de 25/26 de fevereiro de 1968 a 30/31 de dezembro de 1968. Recife, CEPE, 2013, v. IV, tomo II, p. 236.

Pentecostes", que marca uma "nova etapa" na vida de nossa Igreja. Com ela, nasce uma Igreja com identidade e rosto autenticamente latino-americanos: encarnada em nossa realidade, envolvida com "as alegrias e as esperanças, as tristezas e as angústias" de nossos povos (*GS*, 11), comprometida – até o martírio – com sua causa e suas lutas. Nenhuma outra conferência do Celam terá tanto impacto na vida de nossa Igreja. Nisso residem sua importância e insuperabilidade.

De fato, Medellín desencadeou um processo de renovação eclesial que foi dando identidade e rosto próprio à nossa Igreja e repercutiu até mesmo no conjunto da Igreja. Marcou decisivamente os rumos da Igreja latino-americana na segunda metade do século passado: as opções pastorais, o dinamismo eclesial, o magistério, a reflexão teológica e, em boa medida, as Conferências de Puebla (1979), Santo Domingo (1992) e Aparecida (2007). Foi, sem dúvida, o fato eclesial mais importante do século XX.

Sobre a "recepção criativa" do Concílio na América Latina ou sobre processo de renovação eclesial desencadeado pela Conferência de Medellín, poderíamos falar muitas coisas. Mas, também aqui, vamos nos restringir a dois pontos ou aspectos que consideramos essenciais e decisivos nesse processo: a concretização da *missão* em termos de libertação e a concretização do *povo de Deus* a partir de comunidades eclesiais de base e das várias estruturas de comunhão e participação na Igreja.

Se o Concílio fala da missão da Igreja como "sacramento" de salvação ou do reinado de Deus no mundo, a Igreja latino-americana concretiza essa missão em termos de *libertação* de toda forma de injustiça e dominação em um *mundo de pobres e marginalizados*.

A recepção do Concílio se dá aqui fundamentalmente a partir da intuição e do projeto originais de João XXIII, de diálogo da Igreja com o mundo, que encontrou sua melhor expressão na Constituição Pastoral *Gaudium et Spes*, sobre a Igreja no mundo de hoje, e sua insipiente teologia dos "sinais dos tempos". Isso vai levar a uma *inserção* da Igreja na realidade latino-americana e a um *compromisso* com os pobres e marginalizados, e com suas lutas por libertação, ou ao que, sobretudo a partir da Conferência de Puebla, se convencionou denominar "opção preferencial pelos pobres". A Conferência de Aparecida chega a afirmar que essa opção é "uma das peculiaridades que marcam a fisionomia da Igreja latino-americana e caribenha" (*DAp*, 391).

Outra característica fundamental do processo de renovação eclesial na América Latina foi a tradução/concretização do "povo de Deus" em *comunidades eclesiais de base*, como lugar de oração, vida fraterna e compromisso com os pobres, e onde se exercitam e se desenvolvem carismas e ministérios importantes e necessários para a vida da comunidade e para sua missão no mundo. Certamente, a Igreja como povo de Deus não se esgota na comunidade de base, mas tem aí sua expressão mais elementar e fundamental. E certamente a Igreja latino-americana desenvolveu muitos outros processos criativos e fecundos de comunhão eclesial: colegialidade episcopal, compreensão e exercício do ministério ordenado, vida religiosa inserida, carismas e ministérios, estruturas de coordenação e articulação pastoral etc. Mas todos esses processos, de alguma forma, estão vinculados a essa expressão básica e fundamental do povo de Deus, que é a comunidade eclesial de base. As CEBs marcaram decisivamente a recepção do Concílio na América

Latina. Puebla se refere a elas como um "fato eclesial relevante e caracteristicamente nosso" (*Puebla*, 629).

3. Francisco e a tradição conciliar/latino-americana

O ministério pastoral do papa Francisco só pode ser compreendido nessa tradição conciliar/latino-americana.[6] Sua importância e novidade residem precisamente na retomada desse processo de renovação eclesial. Não por acaso, tem-se falado tanto de uma "nova primavera" na Igreja com Francisco, expressão que foi utilizada para se referir ao processo de renovação/reforma conciliar. De fato, ele retoma e atualiza no contexto sócio-eclesial atual a tradição que vem do Concílio e de Medellín.

Não seria exagerado afirmar que Francisco realiza uma *síntese peculiar* das intuições e orientações teológico-pastorais do Concílio Vaticano II e da Igreja latino-americana. *Síntese*, porque se trata, na verdade, de retomada e atualização das intuições e orientações fundamentais do Concílio e da caminhada eclesial latino-americana; não é algo absolutamente novo. *Peculiar*, pelo modo próprio de retomada e atualização, fruto, em boa medida, de sua experiência pastoral, que se materializa em gestos, acentos, linguagem, falas e documentos, preocupações e prioridades pastorais etc.

---

[6] Cf. HUMES, Cláudio. *Grandes metas do Papa Francisco*. São Paulo: Paulus, 2017; REPOLE, Roberto. *O sonho de uma Igreja evangélica*: a eclesiologia do Papa Francisco. Brasília: CNBB, 2018; TRIGO, Pedro. *Papa Francisco*: expressão atualizada do Concílio Vaticano II. São Paulo: Paulinas, 2019; AQUINO JÚNIOR, Francisco. *Teologia em saída para as periferias*. São Paulo: Paulinas, 2019; idem. *Renovar toda a Igreja no Evangelho*: desafios e perspectivas para a conversão pastoral da Igreja. Aparecida: Santuário, 2019.

O núcleo de seu projeto de renovação/reforma eclesial pode ser formulado em termos de "Igreja dos pobres" ou "Igreja em saída para as periferias do mundo". Trata-se de um profundo descentramento eclesial (Igreja *em saída*). Nisso ele é muito fiel ao Concílio: a Igreja não existe para si, mas como "sinal e instrumento" de salvação no mundo. Contudo, não se trata de uma saída qualquer, para qualquer lugar ou com qualquer finalidade, mas sim de uma saída para a humanidade sofredora e para ser sinal e mediação da misericórdia e da justiça de Deus (saída para *as periferias*). Nesse sentido, ele é fiel àquilo que Jon Sobrino chamou de "o legado 'secreto' do Vaticano II" e que a Conferência de Aparecida define como "uma das peculiaridades que marcam a fisionomia" da Igreja latino-americana: "opção preferencial pelos pobres". A intuição de fundo está formulada de modo muito simples, claro e direto no discurso que Francisco fez em Kangemi, um bairro da periferia de Nairóbi – Quênia (África): "O caminho de Jesus começou na periferia, vai *dos* pobres e *com* os pobres para todos".[7]

Em sintonia com o que dissemos anteriormente a respeito da renovação conciliar e latino-americana, vamos destacar aqui também dois aspectos fundamentais do processo de renovação eclesial desencadeado por Francisco, que dizem respeito à *missão* e à *constituição e organização* da Igreja.

Francisco tem insistido muito que a Igreja não existe para si nem pode estar centrada em si mesma. Ela existe para a missão e

---

[7] PAPA FRANCISCO. *Visita ao bairro pobre de Kangemi, Nairóbi – Quênia*: discurso. Disponível em: http://w2.vatican.va/content/francesco/pt/speeches/2015/november/documents/papa-francesco_20151127_kenya-kangemi.html. Acesso em: 25 ago. 2020.

sua missão é "tornar o Reino de Deus presente no mundo" (*EG*, 176), particularmente nas periferias do mundo (*EG*, 20, 46, 191). Por isso, ele tem alertado constantemente contra o "mundanismo espiritual", que é a "autorreferencialidade" da Igreja (*EG*, 93-97), e insistido tanto na centralidade dos pobres e de todas as pessoas que sofrem na vida da Igreja: "Prefiro uma Igreja acidentada e enlameada por ter saído pelas estradas, a uma Igreja enferma pelo fechamento e a comodidade de se agarrar às próprias estruturas. [...] Mais que o temor de falhar, espero que nos mova o medo de nos encerrarmos nas estruturas que nos dão uma falsa proteção, nas normas que nos transformam em juízes implacáveis, nos hábitos em que nos sentimos tranquilos, enquanto lá fora há uma multidão faminta e Jesus pede-nos sem cessar: 'Dai-lhes vós mesmos de comer'" (*EG*, 49).

Ao mesmo tempo que promove uma renovação missionária da Igreja, Francisco tem reagido constantemente contra o clericalismo (*EG*, 102), insistindo na estrutura sinodal da Igreja[8] e na corresponsabilidade de todos na missão evangelizadora (cf. *EG*, 110-134) e falado da necessidade e urgência de "conversão pastoral" e/ou de "reforma na Igreja" (*EG*, 25-33). Nesse contexto, tem retomado uma série de temas ou questões referentes à estrutura e à organização da Igreja que emergiram no Concílio e que foram interrompidos ou se tornaram assunto proibido: Igreja como povo de Deus, protagonismo dos leigos, colegialidade episcopal, estatuto

---

[8] Cf. PAPA FRANCISCO. *Discurso na comemoração do cinquentenário da instituição do Sínodo dos Bispos.* Disponível em: http://w2.vatican.va/content/francesco/pt/speeches/2015/october/documents/papa-francesco_20151017_50-anniversario-sinodo.html. Acesso em: 25 ago. 2020.

teológico e jurídico das conferências episcopais; primado do bispo de Roma; função, organização e funcionamento da Cúria romana; lugar e participação da mulher na Igreja; estrutura paroquial; estruturas de participação na Igreja, dentre outros...

Temos, aqui, uma espécie de "eclesiologia fundamental", que nos confronta com o núcleo do mistério da Igreja (missão e constituição) e que orientará nossa reflexão.

CAPÍTULO II

Igreja: sacramento do reinado de Deus

Um dos pontos mais fundamentais e decisivos do mistério da Igreja diz respeito precisamente à sua missão no mundo. É isso que dá identidade à Igreja e a distingue de outras instituições sociais. Certamente, a Igreja é um corpo ou uma organização social. Não é uma mera ideia ou abstração. Só existe em suas concretizações históricas, por mais ambíguas e contraditórias que sejam. Não existe a Igreja ideal. Só existe a Igreja real: concretizada em comunidades, constituídas e organizadas de determinadas formas. Mas o que faz dessa organização ou instituição social uma Igreja é sua vinculação constitutiva e essencial a Jesus Cristo e a sua missão salvífica de anunciar e tornar presente o reinado de Deus no mundo. Nisso residem sua especificidade e identidade eclesiais, ou sua eclesialidade fundamental.

A tentação na Igreja ao longo da história foi se refugiar em um *idealismo espiritualista* que se afasta da Igreja concreta/real

(Igreja ideal, espiritual, invisível), ou se voltar de tal modo para o funcionamento, o crescimento e o poder da *instituição/hierarquia* que termina se afastando de sua missão salvífica no mundo (Igreja como "sociedade perfeita").

Com raras exceções, a tentação maior sempre foi a afirmação, a defesa e a promoção do poder institucional/hierárquico. Isso foi tão forte no Ocidente que levou uma concepção da Igreja como "sociedade perfeita", centrada nas relações de poder na Igreja (clero x leigo) e nos seus interesses institucionais na sociedade (Igreja x sociedade). Aos poucos isso vai mudando no século XX. A Encíclica *Mystici Corporis* do papa Pio XII, que fala da Igreja como o "Corpo Místico de Cristo" (1943), teve papel fundamental na retomada da dimensão místico-espiritual da Igreja. Sem negar que ela é um "corpo", afirma que é "corpo de Cristo". A partir daí se foi desenvolvendo uma reflexão teológica que tornou possível, no Concílio Vaticano II, uma compreensão da Igreja como "sacramento" de salvação ou do reinado de Deus no mundo. Essa compreensão da Igreja como "sacramento" é claramente um corretivo da compreensão da Igreja como "sociedade perfeita". Não no sentido de negar que a Igreja é um corpo ou uma sociedade, mas no sentido de afirmar sua referência fundamental a Jesus Cristo e sua ação salvífica no mundo. A Igreja é "sacramento" na medida em que, como corpo ou sociedade, é "sinal e instrumento" de salvação no mundo.

É, sem dúvida, uma das contribuições mais importantes do Concílio. A Constituição Dogmática *Lumen Gentium*, sobre a Igreja, começa falando de Jesus Cristo como "luz dos povos", que "resplandece na face da Igreja", e da missão da Igreja de "anunciar o Evangelho a toda criatura" e "iluminar todos os homens com a claridade de Cristo". Nesse contexto, afirma que "a Igreja é em Cristo como que o sacramento ou o sinal e instrumento da íntima união com Deus e da unidade de todo o gênero humano" (*LG*, 1). Essa afirmação se repete em vários textos (*LG*, 5, 8, 9, 42 48; *GS*, 42, 45; *AG*, 1, 5). E a Constituição Pastoral *Gaudium et Spes*, sobre a Igreja no mundo de hoje, destaca e desenvolve de modo particular a referência constitutiva e fundamental da Igreja ao mundo: "A comunidade cristã se sente verdadeiramente solidária com o gênero humano e com sua história"; "não se encontra nada verdadeiramente humano que não lhes ressoe no coração" (*GS*, 1). Com isso, a Igreja não pretende outra coisa senão "continuar a obra do próprio Cristo que veio ao mundo para dar testemunho da verdade, para salvar e não para condenar, para servir e não para ser servido" (*GS*, 3).

A Conferência de Medellín traduz/concretiza essa missão de ser "sacramento" de salvação ou do reinado de Deus em termos de *libertação*: "Assim como outrora Israel, o antigo povo, sentia a presença salvífica de Deus quando o libertava da opressão do Egito, quando o fazia atravessar o mar e o conduzia à conquista da terra prometida, também nós, novo povo de Deus, não podemos deixar de sentir seu passo que salva, quando se dá o 'verdadeiro desenvolvimento que é, para cada um e para todos, a passagem de condições de vida menos humanas [carências materiais e morais, estruturas opressoras] para condições mais humanas [posse do necessário, conhecimentos, cultura, dignidade, espírito de pobreza, bem comum, paz, Deus, fé]'" (*Medellín*, Introdução). É a grande novidade/contribuição de Medellín para a compreensão da missão da Igreja: salvação como libertação de toda forma de injustiça e opressão.

E é por meio dessa tradição conciliar/latino-americana que abordaremos o aspecto do mistério da Igreja, que é sua identidade/missão. Primeiro, destacaremos a relação essencial e constitutiva da Igreja a Jesus Cristo e sua missão salvífica de anúncio/realização do reinado de Deus no mundo. Segundo, retomaremos as imagens bíblicas da Igreja e a reflexão sobre as notas constitutivas da Igreja, tanto as que aparecem no símbolo niceno-constantinopolitano (una, santa, católica, apostólica) quanto outras que foram explicitadas mais recentemente (Igreja dos pobres, dimensão ecumênico/inter-religiosa).

1. Relação Jesus Cristo – Igreja

Sem Jesus Cristo não há Igreja! O mistério da Igreja é inseparável do mistério de Jesus Cristo.[1] Só se pode compreender adequadamente a Igreja a partir de sua relação constitutiva e essencial com Jesus e seu Evangelho. Ela é a comunidade dos "seguidores de Jesus". É o "corpo de Cristo". É a "Igreja *de* Jesus". O "de Jesus" é determinante da "Igreja". É isso que dá identidade à Igreja e a distingue de outras realidades.

---

[1] Cf. CODINA, Victor. *Para compreender a eclesiologia a partir da América Latina*. São Paulo: Paulinas, 1993, p. 37-43; VELASCO, Rufino. *A Igreja de Jesus*: processo histórico da consciência eclesial. Petrópolis: Vozes, 1996, p. 15-52; KEHL, Medard. *A Igreja*: uma eclesiologia católica. São Paulo: Loyola, 1997, p. 59-96, 241-249; PIÉ-NINOT, Salvador. *Introdução à eclesiologia*. São Paulo: Loyola, 1998, p. 39-51; idem. *Crer na Igreja*. São Paulo: Paulinas, 2011, p. 17-21; MOLTMANN, Jürgen. *A Igreja no poder do Espírito*. Santo André: Academia Cristã, 2013, p. 99-178.

Esse vínculo constitutivo e essencial da Igreja com Jesus é um aspecto fundamental da fé cristã e sempre esteve muito vivo na consciência eclesial. Isso não quer dizer que a Igreja tenha sido sempre fiel a Jesus e seu Evangelho. Ela é "santa e pecadora", "casta meretriz".[2] Aliás, a mesma Igreja que confessa no Credo a "santa Igreja Católica", confessa na liturgia eucarística que ela é "povo santo e pecador" (Oração Eucarística V). Tampouco isso quer dizer que Jesus tenha pensado e planejado romper com o judaísmo e fundar uma nova religião com um corpo doutrinal, ritual e hierárquico estabelecido de uma vez por todas. Nesse sentido simplório, é claro que não se pode afirmar que Jesus "fundou" ou é o "fundador" da Igreja. Mas é claro também que não se pode pensar a Igreja sem Jesus. Ela é fruto do "movimento de Jesus" no povo de Israel. Nasce da "experiência pascal" dos discípulos. Nesse sentido, é claro que a Igreja tem seu "fundamento" e sua "origem" em Jesus Cristo. E não se trata apenas de um ato pontual no passado. Trata-se de algo permanente, sempre atual. A Igreja tem em Jesus seu fundamento, sua origem e sua fonte permanentes. Vive nele e dele...

Jesus começa sua missão anunciando a proximidade do reinado de Deus e chamando à conversão (Mc 1,14-15). Ele não pensa na formação de outro povo ou religião, mas na restauração de Israel como povo de Deus, isto é, como povo sobre o qual Deus reina. É o sentido do "movimento de Jesus" em Israel. Sua novidade pode ser descrita a partir de três aspectos fundamentais: experiência de Deus como *Abba* (paizinho), formação de um grupo de discípulos

---

[2] Cf. BARREIRO, Álvaro. *"Povo santo e pecador"*: a Igreja questionada e acreditada. São Paulo: Loyola, 1994, p. 83-112.

para colaborar na missão, reinado de Deus como programa de vida. A rejeição de Jesus e, sobretudo, sua morte na cruz provocou uma grande crise nos discípulos: morreu segundo a "lei" (Jo 19,7) e morreu como um maldito (Dt 21,23). Parecia o fim... É a experiência dos discípulos de Emaús: "E nós que esperávamos que fosse ele quem libertaria Israel..." (Lc 24,21). De repente, algo inesperado acontece: O Senhor ressuscitou! O encontro com o Ressuscitado reúne os discípulos dispersos, provoca uma reinterpretação do acontecido com Jesus, restaura a alegria e a esperança messiânicas e desencadeia um movimento missionário fecundo e eficaz. Aqui, precisamente, está a origem e o nascimento da Igreja. Ela nasce da "experiência pascal". Ela é fruto e expressão da ressurreição do Senhor. Não por acaso, os encontros com o Ressuscitado culminam sempre com o "envio" missionário... E é dessa "experiência pascal" que ela pode e é chamada a renascer sempre de novo.

Uma característica fundamental e decisiva do processo de renovação da Igreja, desencadeado pelo Concílio Vaticano II, é a insistência nessa vinculação constitutiva e essencial da Igreja a Jesus Cristo.

O *Concílio* trata do mistério da Igreja no contexto mais amplo do mistério da salvação, que culmina em Jesus Cristo: refere-se à Igreja como "povo reunido na unidade do Pai e do Filho e do Espírito Santo" (*LG*, 4); fala de Jesus Cristo como "a Luz dos povos" e da missão da Igreja de "anunciar o Evangelho a toda criatura e iluminar a todos os homens com o clarão de Cristo que resplandece na face da Igreja"; afirma que "a Igreja é em Cristo como que sacramento ou sinal e instrumento da íntima união com Deus e da unidade de todo o gênero humano" (*LG*, 1); e recupera da tradição patrístico-medieval uma imagem que fala da Igreja e dos sacramentos jorrando/brotando do lado aberto de Jesus Cristo na cruz (*SC*, 5; *LG*, 3).

A *Igreja latino-americana*, ao concretizar a missão salvífica da Igreja em termos de "libertação" e/ou "opção preferencial pelos pobres", explicitou e insistiu sempre no fundamento e no caráter cristológicos dessa missão. O Documento de Medellín recorda logo na Introdução que Deus está "ativamente presente em nossa história" através de Jesus Cristo e "antecipa seu gesto escatológico" não apenas no *desejo* de "total redenção", mas também nas *conquistas* que são "sinais indicadores do futuro". Ao falar da "pobreza como compromisso" ou do compromisso com os pobres, afirma que, ao fazer isso, a Igreja "continua o exemplo de Cristo [...] que 'sendo rico se fez pobre'" (*Medellín*, 14, II). E, desde a Conferência de Puebla, tornou-se comum falar do "rosto de Cristo no rosto dos pobres", explicitando claramente o fundamento cristológico da opção pelos pobres (*Puebla*, 31-39; *Santo Domingo*, 178; *Dap*, 93).

2. Igreja – "sinal e instrumento" do reinado de Deus

Não basta afirmar que a Igreja é inseparável de Jesus. É preciso explicitar como ou em que sentido ela está unida a ele. E os Evangelhos não deixam dúvidas sobre isso. A unidade da Igreja com Jesus se dá na missão comum de anunciar/realizar o reinado de Deus no mundo: "Ide pelo mundo inteiro e proclamai o Evangelho a toda criatura" (Mc 16,15); "ide, pois, e fazei discípulos todos os povos" (Mt 28,19); "vós sois as testemunhas destas coisas" (Lc 24,48);

"como o Pai me enviou, eu também vos envio" (Jo 20,21). Assim como Jesus e o Pai são *um* na ação salvífico-redentora, Jesus e a Igreja são *um* no anúncio/realização do reinado de Deus. Aquilo que constitui o coração da vida/missão de Jesus, deve constituir também o coração da vida/missão de sua Igreja. Por essa razão, ela só pode ser pensada a partir e em função do reinado de Deus no mundo: como "sinal e instrumento" de sua realização histórica.[3]

Como se pode comprovar nos Evangelhos, o anúncio da proximidade do reinado de Deus constitui o coração da vida/missão de Jesus: sua pregação, seu modo de vida, os destinatários de sua missão, os sinais que realiza, os conflitos vividos, enfim, sua morte na cruz e sua ressurreição. Interessante observar que Jesus nunca define o reinado de Deus, mas indica com gestos e parábolas sua presença salvífica no meio do povo e chama à conversão. E não se trata apenas de uma nova doutrina a ser confessada ou de uma nova lei religiosa a ser praticada. Trata-se de algo muito mais simples e exigente: viver de acordo com a vontade de Deus (Mt 7,21). Está em jogo aqui um *modo de vida*.

Se *Deus* é bom e misericordioso e age como um pai que ama seus filhos, que os perdoa e os acolhe, que os socorre em suas necessidades, o *povo de Deus* deve viver na fraternidade com todos e

---

[3] Cf. MESTERS, Carlos. *Com Jesus na contramão*. São Paulo: Paulinas, 1995; SOBRINO, Jon. *Jesus, o Libertador*: a história de Jesus de Nazaré. Petrópolis: Vozes, 1996, p. 105-159; VELASCO, Rufino. *A Igreja de Jesus*: processo histórico da consciência eclesial. Petrópolis: Vozes, 1996, p. 27-39; FUELLENBACH, John. *Igreja*: comunidade para o Reino. São Paulo: Paulinas, 2006; KASPER, Walter. *A Igreja Católica*: essência, realidade, missão. São Leopoldo: Unisinos, 2012, p. 123-144; ALMEIDA, Antônio José. *Sois um em Cristo Jesus*. São Paulo: Paulinas, 2012, p. 140-146; PAGOLA, José Antonio. *Recuperar o projeto de Jesus*. Petrópolis: Vozes, 2019.

no amor até com os inimigos, deve exercitar o perdão, deve pagar o mal com o bem e deve ser misericordioso para com a humanidade sofredora. A *relação filial com Deus* se vive na *relação fraterna com os irmãos*. O amor fraterno é a marca fundamental desse modo de vida que é indicado e proposto por Jesus em termos de reinado de Deus: "Como eu vos amei, assim também vós deveis amar-vos uns aos outros. Nisso conhecerão todos que sois meus discípulos: se tiverdes amor uns para com os outros" (Jo 13,34); "Este é o meu mandamento: que vos ameis uns aos outros, assim como eu vos amei" (Jo 15,12). Deus é amor e quem vive em Deus só pode viver no amor com os irmãos (1Jo 4,7-21). E o critério ou a medida desse amor é sempre o fazer-se próximo dos caídos à beira do caminho (Lc 10,25-37), ou o fazer ou não fazer aos pequenos e pobres (cf. Mt 25,31-46). Não é por acaso que, nos Evangelhos, Jesus sempre se dirige aos pobres e marginalizados: pobres, prostitutas e pecadores, pagãos e samaritanos, leprosos e possessos, mulheres, crianças e doentes, publicanos etc. Não é por acaso também que os sinais do reinado de Deus que ele anuncia/realiza têm a ver com comida/banquete, saúde, cura, libertação, acolhida, perdão, fraternidade... E tampouco é por acaso que Francisco tem insistido tanto na centralidade dos pobres na Igreja, afirmando que eles são o "protocolo" do juízo final ou o "passaporte para o paraíso", e recordado que a Igreja, para ser fiel a sua missão, tem que ser "Igreja dos pobres".

Ora, se a Igreja é o "corpo de Cristo" e se sua missão é continuar a missão de Jesus no mundo, ela só pode ser entendida a partir e em função do reinado de Deus. É por isso que o Concílio fala da Igreja como "sacramento" da salvação ou do reinado de Deus. E em um duplo sentido. Ela deve ser *sinal* do reinado de Deus, isto é, lugar onde Deus reina ou onde se vive de acordo com a vontade de Deus: fraternidade, perdão, acolhida, serviço, humildade, solidariedade etc.; e deve ser *instrumento* ou mediação do reinado de Deus no mundo, isto é, manifestação e fonte de irradiação: sal da terra, luz do mundo, fermento na massa etc. Ela se constitui, portanto, como "sacramento" de salvação ou do reinado de Deus, "*manifestando* e ao mesmo tempo *operando* o mistério do amor de Deus para com o homem" (*GS*, 45). Daí a insistência do papa Francisco na urgência de a Igreja "voltar à fonte e recuperar o frescor original do Evangelho" (*EG*, 11). Disso dependem seu vigor evangélico e sua relevância histórica.

O teólogo Walter Kasper resume bem esse aspecto do mistério da Igreja: ela deve ser entendida "a partir da dinâmica global do Reino de Deus que vem com Jesus e irrompeu definitivamente com a ressurreição". Nesse sentido, pode-se dizer com o Concílio que "a Igreja é o Reino de Deus já presente", mas "ela ainda não é o Reino de Deus consumado". Ela é "uma realidade intermediária" – "sinal e instrumento do Reino vindouro".[4] Nem se identifica com o Reino nem existe independentemente dele.

3. Imagens bíblicas da Igreja

A Igreja de Jesus só pode ser compreendida a partir e em função do desígnio salvífico de Deus para a humanidade. Ela é fruto, expressão e mediação de salvação no mundo. Nascida do "movimento de Jesus" em Israel e, mais concretamente, da "experiência pascal" dos discípulos, e enviada para continuar a missão

---

[4] KASPER, Walter. *A Igreja Católica*: essência, realidade, missão. São Leopoldo: Unisinos, 2012, p. 131.

de Jesus no mundo, ela é inseparável de Jesus e de seu Evangelho do reinado de Deus. Nessa vinculação constitutiva e essencial com Jesus e seu Evangelho reside a identidade ou o mistério mais profundo da Igreja. Romper com esse vínculo é negar sua própria identidade. Colocar esse vínculo em segundo plano é desviar-se do Caminho. Toda insistência aqui é pouca: a Igreja só é Igreja enquanto e na medida em que é "sinal e instrumento" de salvação ou do reinado de Deus no mundo. O contrário disso é mundanização, prostituição ou instrumentalização da Igreja.

Para expressar essa dimensão salvífica da Igreja, que diz respeito a sua identidade e a sua missão no mundo, a Escritura usa muitas imagens tiradas da vida e/ou experiência do povo.[5] Mais que uma definição conceitual precisa (conceito da Igreja), essas imagens vinculam de tal modo a Igreja à ação salvífica de Deus no mundo que ela aparece em sua realidade mais profunda como "mistério de salvação" ou "sinal e instrumento" do reinado de Deus (dinamismo da Igreja). E isso que é *expressão* da identidade e missão da Igreja, funciona também como *referencial ou medida* de discernimento da fidelidade ou infidelidade da Igreja a sua missão.

O Concílio lembra várias dessas imagens da Igreja que aparecem na Escritura: "um *redil* do qual Cristo é a porta", "a *grei* da qual o próprio Deus [é] seu pastor", "a *lavoura* ou o campo de Deus",

---

[5] Cf. DALLAGNOL, Wilson. Paisagem eclesial. In: PILONETTO, Adelino; ZAMPIERI, Gilmar; BERNARDI, José (org.). *Paisagens teológicas*: curso de teologia à distância. Porto Alegre: ESTEF, 2006, p. 115-125; RAUSCH, Thomas. *Rumo a uma Igreja verdadeiramente católica*. São Paulo: Loyola, 2008, p. 63-88; KASPER, Walter. *A Igreja Católica*: essência realidade, missão. São Leopoldo: Unisinos, 2012, p. 166-202; ALMEIDA, Antônio José. *Sois um em Cristo Jesus*. São Paulo: Paulinas, 2012, p. 55-105.

"*construção* de Deus", "Jerusalém celeste", "nossa *mãe*", "*esposa* imaculada do Cordeiro" (*LG*, 6), "*corpo* místico de Cristo" (*LG*, 7), "*povo* de Deus" (*LG*, 9-17) etc. Dentre as muitas imagens bíblicas da Igreja, três ganharam destaque na reflexão teológica sobre a Igreja: *povo de Deus, corpo de Cristo, templo do Espírito*. Isso se explica em boa medida pela estrutura trinitária da fé cristã, que compreende o "mistério da Igreja" a partir do "mistério da Trindade" (*LG*, 4).

3.1 "Povo de Deus"

A imagem da Igreja como "povo de Deus" está profundamente enraizada na *fé de Israel* e no *movimento de Jesus* no seio de Israel. De fato, Israel se compreende como "povo de Deus" e a pretensão de Jesus era a restauração de Israel como "povo de Deus" ou povo sobre o qual Deus reina. Na medida em que a Igreja nasce do movimento de Jesus, é muito natural que ela se compreenda como povo de Deus. E essa consciência é muito forte nas primeiras comunidades cristãs. Entre as 12 tribos de Israel e o grupo dos 12 apóstolos, há mais que mera casualidade ou coincidência. É expressão da autoconsciência da Igreja como povo de Deus. Mesmo que essa não seja a imagem mais usada no Novo Testamento para falar da Igreja (1Pd 2,4-10; Rm 4; 11; Gl 3; Ef 2,11-22), é certamente a mais fundamental e determinante da compreensão que ela tem de si mesma. E é a imagem/expressão privilegiada pelo Concílio Vaticano II para falar do mistério da Igreja. Sua importância é tamanha que, sempre que se fala da compreensão de Igreja do Concílio, fala-se da Igreja como povo de Deus. Mas é importante compreender bem o que significa dizer que a Igreja é "povo de Deus":

- *Dimensão teologal/espiritual*. Esse povo é "de Deus": "Vós sois a geração escolhida, o sacerdócio régio, a nação santa, o povo que ele adquiriu" (1Pd 2,9). Ele "tem por condição a dignidade e a liberdade dos filhos de Deus. [...] Sua lei é o mandamento novo do amor. [...] Sua meta é o Reino de Deus" (*LG*, 9).

- *Dimensão messiânico-salvífica*. É um povo messiânico que tem uma vocação/missão salvífica no mundo: deve ser "para todo gênero humano germe firmíssimo de unidade, esperança e salvação"; foi constituído como "instrumento de redenção para todos" e enviado como "luz do mundo e sal da terra" (*LG*, 9).

- *Dimensão comunitária*. Destaca o aspecto comunitário da fé e da salvação (povo); a dignidade e igualdade fundamentais de todos os batizados, anterior a qualquer distinção de carisma ou ministério ("sacerdócio comum", "senso da fé"); a corresponsabilidade missionária de todos os cristãos (missão).

- *Dimensão histórico-escatológica*. Expressa bem a historicidade da Igreja (*LG*, 8, 9; *GS*, 40). Ela é povo peregrino que caminha nas estradas do mundo rumo ao céu. Tem ambiguidades e contradições. É santa e pecadora e, por isso, constantemente chamada à conversão... Não é ainda aquilo que é chamada a ser. Está a caminho...

3.2 "Corpo de Cristo"

A imagem da Igreja como "corpo de Cristo" é muito importante nas cartas paulinas. Ela aparece em dois sentidos que, embora distintos, se implicam mutuamente: 1) No contexto das divisões e dos conflitos na Igreja de Corinto (grupos rivais, processos nos tribunais, divisão na Ceia do Senhor, importância dos carismas), Paulo fala da Igreja como "corpo de Cristo". Destaca, a partir da Ceia do Senhor e do Batismo, a unidade fundamental da Igreja em Cristo na riqueza e na diversidade de seus membros, carismas e ministérios: "Porque há um só pão, nós, embora muitos, somos um só corpo, pois todos participamos desse único pão" (1Cor 10,17); "todos nós, judeus ou gregos, escravos ou livres, fomos batizados em um só espírito, para formarmos um só corpo, e todos nós bebemos de um único espírito" (1Cor 12,12). Também na Carta aos Romanos, ele retoma o mesmo tema: "Como em um só corpo temos muitos membros, cada qual com uma função diferente, assim nós, embora muitos, somos em Cristo um só corpo e, cada um de nós, membros uns dos outros" (Rm 12,4s). 2) Ante a importância dada a poderes angélicos, forças cósmicas e outros seres intermediários nas Igrejas de Colossas e de Éfeso, Paulo fala de Cristo como a "cabeça" do corpo que é a Igreja (Cl 1,18; 2,19; Ef 1,22; 5,23), destacando sua superioridade e seu primado. E esses dois sentidos da Igreja como "corpo de Cristo" são retomados pelo Concílio (*LG*, 7).

Também aqui é importante compreender bem essa imagem da Igreja, destacando alguns aspectos fundamentais: antes de tudo, a dimensão e o caráter cristológicos da Igreja enquanto corpo "de Cristo" ou sua unidade fundamental em Jesus Cristo; em segundo lugar, a dimensão sacramental-pneumática da Igreja ou sua unidade batismal-eucarística no Espírito; em terceiro lugar, seu caráter comunitário ou sua unidade-plural: muitos membros/carismas – um só corpo; em quarto lugar, a centralidade e o primado de Jesus

Cristo na Igreja: ele é a cabeça da Igreja; por fim, em quinto lugar, a missão comum de Jesus e sua Igreja. Nas palavras de Francisco, se realmente somos o corpo de Cristo, "seremos seus olhos que vão em busca de Zaqueu e da Madalena; seremos sua mão que socorre os enfermos no corpo e no espírito; seremos seu coração que ama os necessitados de reconciliação, de misericórdia e de compreensão".[6]

3.3 "Templo do Espírito"

Paulo fala da Igreja como "templo do Espírito": "Acaso não sabeis que sois templo de Deus e que o Espírito de Deus habita em vós?" (1Cor 3,16); "nós somos o templo do Deus vivo" (2Cor 6,16); "edificados sobre o alicerce dos apóstolos e dos profetas, tendo como pedra angular o próprio Cristo Jesus [...] vai crescendo e formando um templo santo no Senhor [...] para serdes morada de Deus no Espírito" (Ef 2,20-22).

A Igreja é obra e morada do Espírito: por ele, o Senhor se faz presente e atua na Igreja e no mundo (2Cor 3,17; Rm 14,17); por ele, "o amor de Deus foi derramado em nossos corações" (Rm 5,5); ele é a fonte da fé (1Cor 12,33), da relação filial com Deus (Rm 8,15; Gl 4,6) e do amor fraterno (1Cor 13; Gl 5,22-23); ele "vem em socorro de nossa fraqueza" e "intercede em nosso favor com gemidos inexprimíveis" (Rm 8,26); ele reúne a Igreja na diversidade de membros, carismas e ministérios (1Cor 12; Rm 12); nele e por ele a Igreja continua a missão de Jesus no mundo (Jo 20,21-23).

---

[6] PAPA FRANCISCO. *Homilia na solenidade do Corpo e Sangue de Cristo* (04/06/2015). Disponível em: https://w2.vatican.va/content/francesco/pt/homilies/2015/documents/papa-francesco_20150604_omelia-corpus-domini.html. Acesso em: 25 ago. 2020.

Lucas, de modo particular, mostra como toda a vida de Jesus e da Igreja se dá no Espírito. E João lembra que a missão do Espírito é dar testemunho de Jesus: "recordar" e "ensinar" tudo o que Jesus disse e fez (Jo 14,26; 15,26; 16,13).

O Concílio destacou bem a dimensão pneumática da Igreja: o Espírito santifica a Igreja e faz os crentes se aproximarem do Pai por Cristo; "Ele é o Espírito da vida ou a fonte de água que jorra para a vida eterna"; "por ele o Pai vivifica os homens mortos pelo pecado, até que em Cristo ressuscite seus corpos mortais"; ele "habita na Igreja e no coração de seus fiéis como em um templo"; ora nos fiéis e dá testemunho da filiação adotiva; "leva a Igreja ao conhecimento da verdade total"; "unifica-a na comunhão e no ministério"; "dota-a e dirige-a mediante os diversos dons hierárquicos e carismáticos"; "adorna-a com seus frutos"; "pela força do Evangelho Ele rejuvenesce a Igreja, renova-a perpetuamente e leva-a à união consumada com seu Esposo" (*LG*, 4).

Sem o Espírito Santo não há Igreja. Mas nunca é demais recordar que se trata do Espírito de Jesus (dimensão cristológica), que ele nos reúne na diversidade de carismas e ministérios (dimensão eclesiológica) e nos faz continuar a missão de Jesus no mundo (dimensão salvífica). A vida/missão de Jesus é o critério permanente e definitivo de discernimento do Espírito (1Cor 12,1-11; 1Jo 4). Inserida no mistério da Trindade, a Igreja aparece como "povo de Deus", "corpo de Cristo", "templo do Espírito".

4. Notas constitutivas da Igreja

Outra forma de falar da Igreja, a partir e em função do desígnio salvífico de Deus para a humanidade, que culmina no anúncio/

realização do reinado de Deus por Jesus de Nazaré, é refletir sobre o que o Símbolo da Fé ou o Credo diz sobre a Igreja.

Já no Novo Testamento encontramos pequenas fórmulas que expressam o conteúdo central da fé: sejam fórmulas mais cristológicas (1Cor 15,3-7; Rm 1,3-4; 8,34; 2Tm 2,8), sejam fórmulas mais explicitamente trinitárias (2Cor 13,13; Mt 28,19). Paulo já fala de tradições, transmissão, ensinamento (2Ts 2,15; Rm 6,17; 1Cor 11,23; 15,3). E, no final do século I, fala-se explicitamente de "sã doutrina" (1Tm 4,6; 2Tm 1,13; 4,3; Tt 1,9) ou de "depósito da fé" (1Tm 6,20; 2Tm 1,14). Aos poucos, essas pequenas fórmulas vão sendo desenvolvidas, sobretudo no contexto do catecumenato e da celebração do sacramento de iniciação cristã.

É assim que nascem os chamados símbolos da fé:[7] são breves resumos ou sumários da fé com caráter e função pedagógicos no processo de iniciação cristã. É entregue durante o catecumenato: "Recebam e guardem essas palavras com pureza de coração" – "são poucas, mas contêm grandes mistérios" (*RICA*, 186). E deve ser professado na liturgia batismal (*RICA*, 219). Aos poucos, vão sendo assumidos e proclamados solenemente em sínodos e concílios e vão se tornando uma referência importante e determinante na reflexão teológica.

Por isso, na reflexão teológica sobre a Igreja, é comum tomar como referência o que se professa sobre ela no Símbolo da Fé. Inserida no desígnio de Deus (Pai, Filho, Espírito Santo), a Igreja aparece no terceiro artigo: "Creio no Espírito Santo". E aparece como fruto ou obra do Espírito que faz a "Igreja una, santa, ca-

---

[7] Cf. BARREIRO, Álvaro. *"Povo santo e pecador"*: a Igreja questionada e acreditada. São Paulo: Loyola, 1994, p. 61-65.

tólica e apostólica" (*Símbolo niceno-constantinopolitano*, 381). É o que se costuma denominar as notas constitutivas da Igreja ou as propriedades ou características essenciais da Igreja.[8]

4.1 "Igreja una"

O primeiro aspecto do mistério da Igreja que aparece no Símbolo niceno-constantinopolitano é a confissão da "Igreja una": existe uma *única* Igreja (unicidade) que é *una* e indivisível (unidade). E o princípio ou fundamento dessa unicidade e unidade da Igreja é a Trindade (*UR*, 2). A Igreja é "o povo reunido na unidade do Pai, do Filho e do Espírito Santo" (*LG*, 4).

Paulo insistiu muito na unidade da Igreja: "Há um só Senhor, uma só fé, um só batismo, um só Deus e Pai de todos" (Ef 4,5); "Ele é a cabeça do corpo, que é a Igreja" (Ef 1,18); "todos nós [...] fomos batizados em um só Espírito, para formarmos um só corpo, e todos nós bebemos de um único Espírito" (1Cor 12,13); "como em um só corpo temos muitos membros, cada qual com uma função diferente, assim nós, embora muitos, somos em Cristo um só corpo e, cada um de nós, membros uns dos outros" (Rm 12,4s). Falando da vida das primeiras comunidades, Lucas mostra como essa unidade se concretiza: "Eles eram perseverantes no ensinamento dos

---

[8] Cf. KEHL, Medard. *A Igreja*: uma eclesiologia católica. São Paulo: Loyola, 1997, p. 117-122; 347-409; PIÉ-NINOT, Salvador. *Introdução à eclesiologia*. São Paulo: Loyola, 1998, p. 75-97; idem. *Crer na Igreja*. São Paulo: Paulinas, 2011, p. 35-49; RAUSCH, Thomas. *Rumo a uma Igreja verdadeiramente católica*. São Paulo: Loyola, 2008, p. 155-171; KASPER, Walter. *A Igreja Católica*: essência, realidade, missão. São Leopoldo: Unisinos, 2012, p. 203-255; ALMEIDA, Antônio José. *Sois um em Cristo Jesus*. São Paulo: Paulinas, 2012, p. 33-53; MOLTMANN, Jürgen. *A Igreja no poder do Espírito*. Santo André: Academia Cristã, 2013, p. 423-429.

Apóstolos, na comunhão fraterna, na fração do pão e nas orações" (At 2,42). E João recorda o intento de Jesus de reunir as ovelhas dispersas em "um só rebanho e um só pastor" (Jo 10,16).

O Concílio vai insistir muito na importância e na necessidade de restauração da unidade dos cristãos como dimensão e exigência da fé cristã (*UR*). Afirma que a unidade da Igreja se realiza pelos "vínculos da profissão de fé, dos sacramentos, do regime e da comunhão eclesiásticos". E adverte que "não se salva, contudo, embora incorporado à Igreja, aquele que, não perseverando na caridade, permanece no seio da Igreja 'com o corpo', mas não 'com o coração'" (*LG*, 14). A unidade da Igreja aparece, assim, como unidade de fé, de culto e de vida comunitária.

Certamente, "Igreja una" não significa uniformidade nem se opõe à diversidade. A Igreja sempre foi uma realidade plural e diversa em sua liturgia, em sua organização, em sua teologia e em sua atividade pastoral/missionária: *unidade na diversidade*. E, certamente, a confissão da "Igreja una" não é sem mais uma *descrição* da Igreja. Desde o início há conflitos e divisões na Igreja. Basta ver o caso da Igreja de Corinto. É também uma *exortação* para a superação dos conflitos e das divisões; desafio e tarefa permanentes na Igreja até que "Deus seja tudo em todos" (1Cor 15,28). Ela está fundada na Trindade e se manifesta na profissão de fé, no culto e na vida comunitária.

4.2 "Igreja santa"

No símbolo da fé confessamos a "Igreja santa" e a "comunhão dos santos". Isso significa tanto a santidade de vida ("comunhão dos santos") como os sacramentos ou as coisas santas ("comunhão dos santos dons"). E tudo isso é obra do Espírito. A Igreja é santa porque nela habita e age o Espírito Santo e porque vive das coisas santas.

Esse é o atributo mais antigo da Igreja e se enraíza na fé de Israel. A confissão da santidade de Deus leva/implica a confissão da santidade do povo de Deus (Ex 19,6; Lv 19,2; Dt 7,6; 14,2). A Igreja é "povo de Deus", "corpo de Cristo", "templo do Espírito" e, por isso, é santa: "Vós sois a geração escolhida, o sacerdócio régio, a nação santa, o povo que ele adquiriu" (1Pd 1,9); "Cristo amou a Igreja e se entregou por ela a fim de santificar pela palavra aquela que ele purifica pelo banho da água" (Ef 5,25s); ela é "templo do Espírito" (1Cor 3,16; 2Cor 6,16; Ef 2,20-22). A consciência da santidade e do chamado à santidade era muito forte nas primeiras comunidades. Os cristãos se entendiam e se designavam como "os santos" (1Cor 1,2; 16,1; 2Cor 8,4; 9,1; Rm 1,7; 15,25s). Todos são chamados à santidade (1Ts 4,3; Ef 1,4; 2Tm 1,9; 1Pd 1,15s; Mt 5,48; Lc 6,36).

Isso não quer dizer que não haja pecado na Igreja e que a Igreja não seja pecadora. Não é por acaso que no início da celebração eucarística confessamos nossos pecados e na liturgia eucarística confessamos que somos "povo santo e pecador". Os Padres da Igreja nos recordam que ela é "santa e pecadora", "casta meretriz". E não se trata apenas de pecados individuais (cristãos pecadores). Enquanto comunidade de pecadores, a Igreja é marcada pelo pecado (Igreja pecadora) e, por isso, sempre chamada à conversão: "A Igreja, reunindo em seu próprio seio os pecadores, ao mesmo tempo santa e sempre na necessidade de purificar-se, busca sem cessar a penitência e a renovação" (*LG*, 9). Mas a presença de Cristo e de seu Espírito na Igreja faz com que ela, apesar de pecadora, seja santa e esteja sempre em busca de maior santidade.

O Concílio reafirma essa característica e vocação fundamental da Igreja que é a "santidade" (*LG*, 5, 8, 39-42). Afirma que, não obstante "tentações e tribulações", ela é "confortada pela força da graça de Deus prometida pelo Senhor" (*LG*, 9). E confessa que ela é "indefectivelmente santa" (*LG*, 39); que "já na terra é assinalada com a verdadeira santidade, embora imperfeita" (*LG*, 48).

4.3 "Igreja católica"

A compreensão da confissão da "Igreja católica" exige uma atenção especial, porque a expressão "católica" tem hoje um sentido muito diferente do que tem no Símbolo da Fé. Ela é usada hoje para designar a Igreja romana em relação/distinção com as Igrejas ortodoxas e evangélicas. Adquiriu um sentido de designação/distinção confessional. No entanto, a confissão da "Igreja católica" é muito anterior a essas divisões e separações e tem um sentido muito distinto. Ela aparece pela primeira vez em Inácio de Antioquia e, a partir do século IV, foi sendo incorporada nos diversos Símbolos da fé, até ser assumida pelo símbolo niceno-constantinopolitano. E tem duplo significado: "qualitativo" (plenitude da salvação) e "geográfico" (universalidade).

Confessar a "Igreja católica" significa confessar a fé verdadeira, autêntica, integral, ortodoxa (veracidade, autenticidade), em qualquer parte do mundo (universalidade, extensão geográfica). A catolicidade da Igreja acontece nas Igrejas concretas espalhadas pelo mundo inteiro, na medida em que elas vivem, autêntica e integralmente, a fé. Nesse sentido, a expressão "Igreja católica" não designa uma denominação/confissão específica, mas é uma nota ou característica fundamental da Igreja de Jesus Cristo com duplo significado: autenticidade e universalidade.

O Concílio Vaticano II recupera esse duplo sentido da catolicidade da Igreja: "Em qualquer época e em qualquer povo é aceito por Deus todo aquele que O teme e pratica a justiça"; O povo de Deus "tem por cabeça Cristo [...] Tem por condição a dignidade e a liberdade dos filhos de Deus [...] Sua lei é o mandamento de amar como o próprio Cristo nos amou [...] Sua meta é o Reino de Deus" (*LG*, 9); "Todos os homens são chamados a pertencer ao povo de Deus. Por isso, este povo, permanecendo uno e único, deve estender-se a todo o mundo e por todos os tempos para que se cumpra o desígnio da vontade de Deus"; "Todos os homens, pois, são chamados a esta católica unidade do povo de Deus que prefigura e promove a paz universal. A ela pertencem ou são ordenados de modos diversos quer os fiéis católicos, quer os outros crentes em Cristo, quer enfim todos os homens em geral, chamados à salvação pela graça de Deus" (*LG*, 13); A "Igreja católica una e única" existe nas "Igrejas particulares" e "essa variedade de Igrejas locais com comum aspiração demonstra mais luminosamente a catolicidade da Igreja indivisa" (*LG*, 23).

4.4 "Igreja apostólica"

A última nota ou característica da Igreja que aparece no Símbolo da Fé é a apostolicidade: "Igreja apostólica". Indica que ela *provém* dos Apóstolos e que está em *continuidade* com a Tradição dos Apóstolos: conserva e transmite fielmente a fé apostólica. É a Igreja dos Apóstolos que, por sua vez, é a Igreja de Jesus Cristo.

A reflexão sobre a apostolicidade da Igreja destaca dois aspectos: *fé apostólica* e *sucessão/ministério apostólico*. A Igreja é apostólica, antes de tudo, porque vive, conserva e transmite a *fé dos Apóstolos*: Não há outro Evangelho (Gl 1,6-9); estamos ligados ao legado/fé/doutrina dos Apóstolos (Jd 3; 2Tm 6,20; 2Tm 1,12.14); temos que "guardar" a fé (2Tm 5,21; Lc 11,28; At 16,4), "permanecer" na fé (Jo 8,31; 1Jo 2,6.27). E isso diz respeito a toda a Igreja. Por outro lado, a Igreja é apostólica porque conserva o *ministério dos Apóstolos* de cuidado e zelo da fé. No final do século I, com a morte dos Apóstolos e o desafio de conservar seu legado, vai ganhando importância e centralidade na Igreja o ministério dos bispos, dos presbíteros e dos diáconos (At 6,6; 14,23; 20,28; 2Tm 4,14; 2Tm 1,6; Tt 1,5). E, já muito cedo, o ministério dos bispos vai sendo compreendido e formulado como ministério apostólico ou sucessão apostólica. De modo que a confissão da "Igreja apostólica" indica tanto *fé apostólica* quanto *sucessão/ministério* apostólico.

Com as divisões no século XI (Oriente x Ocidente) e, sobretudo, no século XVI (reforma protestante), a reflexão sobre a "Igreja apostólica" foi se reduzindo e se concentrando no ministério apostólico dos bispos (sucessores dos Apóstolos) e, de modo muito particular, no primado do bispo de Roma (sucessor de Pedro). Tratava-se, cada vez mais, de justificar e defender o poder do Papa como pastor supremo de toda a Igreja. Isso acabou ofuscando e/ou comprometendo a apostolicidade de toda a Igreja e mesmo o ministério apostólico e a colegialidade dos bispos.

E aqui aparece a novidade do Concílio Vaticano II. Por um lado, articula e integra sucessão/ministério apostólico dos bispos

(*LG*, cap. III) com a apostolicidade de toda a Igreja (*LG*, cap. II). Por outro lado, articula e integra primado do bispo de Roma e colégio episcopal (*LG*, 22). E, assim, recupera a integralidade da confissão da "Igreja apostólica", que diz respeito tanto a apostolicidade da Igreja (fé apostólica) quanto à sucessão apostólica dos bispos e do bispo de Roma (ministério apostólico).

5. "Igreja dos pobres"

O Símbolo niceno-constantinopolitano destaca algumas características fundamentais da Igreja. Mas isso não esgota o mistério da Igreja. Os símbolos da fé não são um tratado ou um estudo sistemático sobre a Igreja. São um resumo ou sumário do conteúdo fundamental da fé que deve ser acolhido, confessado (dizer junto), professado (dizer diante de) e testemunhado pelos catecúmenos. E o conteúdo fundamental da fé é a adesão a Deus e seu desígnio criador-salvífico-santificador: "Creio em Deus Pai, Filho e Espírito Santo". A Igreja está inserida nesse desígnio de Deus para a humanidade. É confessada no terceiro artigo do Símbolo (creio no Espírito Santo) como obra do Espírito, que faz a Igreja "una, santa, católica, apostólica". Há, aqui, dois aspectos fundamentais para a compreensão do mistério da Igreja: 1) sua inserção na história da salvação; e 2) *algumas* de suas notas ou características fundamentais.

O movimento de renovação da Igreja, desencadeado pelo Concílio Vaticano II, ajudou a explicitar outras notas ou características fundamentais da Igreja. A primeira e a mais importante delas é a *parcialidade pelos pobres*. Essa nota ou característica da

Igreja foi formulada, sobretudo, a partir da Igreja latino-americana, em termos de "Igreja dos pobres" ou "opção preferencial pelos pobres".[9]

É claro que o serviço aos pobres e marginalizados na Igreja não começa com o Concílio Vaticano II e a Igreja da América Latina. É um aspecto fundamental da fé cristã e, de alguma maneira, perpassa toda a história da Igreja. Mas o movimento de renovação conciliar, sobretudo a partir da Igreja latino-americana, ajudou a redescobrir e explicitar sua centralidade na revelação e na fé, aparecendo, assim, como um aspecto, ou uma nota, ou característica fundamental da Igreja. É nesse sentido que se fala aqui de "Igreja dos pobres" ou de "opção preferencial pelos pobres".

A expressão "Igreja dos pobres" aparece pela primeira vez na mensagem que o papa João XXIII enviou ao mundo no dia 11 de setembro de 1962, um mês antes da abertura do Concílio. Nessa mensagem, diz que "a Igreja se apresenta e quer ser a Igreja de todos, em particular, a *Igreja dos pobres*". Isso repercutiu muito no Concílio, por meio de um grupo de bispos que procurou explicitar a relação entre Jesus, a Igreja e os pobres, e que ficou conhecido como "Igreja dos pobres". Seu esforço maior foi mostrar que o "mistério

---

[9] Cf. SOBRINO, Jon. *Ressurreição da verdadeira Igreja*: os pobres, lugar teológico da eclesiologia. São Paulo: Loyola, 1981, p. 93-133; VELASCO, Rufino. *A Igreja de Jesus*: processo histórico da consciência eclesial. Petrópolis: Vozes, 1996, p. 422-443; KEHL, Medard. *A Igreja*: uma eclesiologia católica. São Paulo: Loyola, 1997, p. 80-83; 219-224; MOLTMANN, Jürgen. *A Igreja no poder do Espírito*. Santo André: Academia Cristã, 2013, p. 435-452; BEOZZO, José Oscar. *Pacto das Catacumbas*: por uma Igreja servidora e pobre. São Paulo: Paulinas, 2015; AQUINO JÚNIOR, Francisco de. *Igreja dos pobres*. São Paulo: Paulinas, 2018; idem. *Teologia em saída para as periferias*. São Paulo: Paulinas, 2019, p. 153-188; FRANÇA MIRANDA, Mario de. *A Igreja em transformação*: razões atuais e perspectivas futuras. São Paulo: Paulinas, 2019, p. 90-93.

de Cristo nos pobres" é uma verdade "essencial e primordial" da revelação e da fé que marca e determina o mistério da Igreja (*LG*, 8).

A Conferência de Medellín (1968) levou muito a sério esse aspecto da revelação e da fé na Igreja. Aos poucos, a Igreja foi assumindo, por causa do Evangelho, a causa dos pobres e oprimidos: defendendo seus direitos, denunciando as injustiças que se cometem contra eles, apoiando e até participando de suas lutas e organizações. Muitos foram perseguidos, caluniados, torturados e até martirizados por causa dos pobres. Desde Puebla (1979), tornou-se comum falar do "rosto de Cristo no rosto dos pobres" e de "opção preferencial pelos pobres". Essa opção é "uma das peculiaridades que marca a fisionomia da Igreja latino-americana e caribenha" (*DAp*, 391).

E tudo isso repercutiu no conjunto da pastoral, da teologia e do magistério da Igreja. João Paulo II retomou a expressão "Igreja dos pobres" na visita que fez à favela do Vidigal do Rio de Janeiro, em 1980, e nas encíclicas *Redemptoris missio* (*RM*, 60) e *Laborem exercens* (*LE*, 8/6). Na encíclica *Sollicitudo rei socialis*, fala explicitamente da "opção ou [...] amor preferencial pelos pobres" (*SRS*, 42) e, a partir daí, a expressão foi assumida nos documentos oficiais da Igreja. Bento XVI afirma que a caridade aos pobres e necessitados "pertence tanto à essência [da Igreja] quanto o serviço dos sacramentos e o anúncio do Evangelho" (*DGE*, 22). Na abertura da Conferência de Aparecida, em sintonia com o que vinha sendo afirmado desde Medellín, ele reafirmou que "a opção preferencial pelos pobres está implícita na fé cristológica". E Francisco tem recordado que "todo caminho da nossa redenção está assinalado pelos pobres" (*EG*, 197), que "os pobres são os destinatários privilegiados do Evangelho", que "existe um vínculo indissolúvel entre nossa fé e os pobres" (*EG*, 48) e que "a falta de solidariedade, nas suas necessidades, influi diretamente sobre nossa relação com Deus" (*EG*, 187).

Tudo isso tem ajudado a perceber que o compromisso com os pobres é uma nota ou característica fundamental da Igreja. Tão fundamental como as notas que aparecem no Símbolo da Fé. A Igreja que é "una, santa, católica e apostólica" (Símbolo niceno-constantinopolitano) é também "Igreja dos pobres" (João XXIII – Francisco). O ser "dos pobres" é um aspecto fundamental e determinante do mistério da Igreja.

6. Dimensão ecumênica e inter-religiosa

Outra nota ou característica fundamental da Igreja que o Concílio Vaticano II ajudou a explicitar foi sua dimensão ecumênica e inter-religiosa.[10] Em certo sentido, pode-se dizer que isso é uma retomada e um desenvolvimento de aspectos já confessados no Símbolo da fé. A dimensão ecumênica (unidade dos cristãos) tem a ver com a confissão da "Igreja una e católica". E a dimensão inter-religiosa (unidade dos crentes) tem a ver com a confissão da

---

[10] Cf. SANTANA, Julio. *Ecumenismo e libertação*. Petrópolis: Vozes, 1991; WOLFF, Elias. *A unidade da Igreja*: ensaio de eclesiologia ecumênica. São Paulo: Paulus, 2007; VELASCO, Rufino. *A Igreja de Jesus*: processo histórico da consciência eclesial. Petrópolis: Vozes, 1996, p. 396-401; KEHL, Medard. *A Igreja*: uma eclesiologia católica. São Paulo: Loyola, 1997, p. 371-385; RAUSCH, Thomas. *Rumo a uma Igreja verdadeiramente católica*. São Paulo: Loyola, 2008, p. 209-252; KASPER, Walter. *A Igreja Católica*: essência, realidade, missão. São Leopoldo: Unisinos, 2012, p. 209-216, 371-401; ALMEIDA, Antônio José. *Sois um em Cristo Jesus*. São Paulo: Paulinas, 2012, p. 146-161, 181-185.

"Igreja católica". Ambos os aspectos aparecem como constitutivos do mistério da Igreja.

1) A divisão entre os cristãos compromete a "Igreja una e católica" que confessamos no Credo: "Contradiz abertamente a vontade de Cristo e se constitui em escândalo para o mundo, como também prejudica a santíssima causa da pregação do Evangelho a toda criatura" (*UR*, 1); impede e/ou dificulta realizar a "plenitude da catolicidade" ou a "plena catolicidade sob todos os aspectos" (*UR*, 4). Por isso mesmo, a restauração da unidade dos cristãos aparece como um dos principais objetivos do Concílio (*SC*, 1; *UR*, 1), aparece como um aspecto fundamental do mistério da Igreja (*LG*, 15) e aparece como obra do Espírito (*UR*, 1, 2, 24).

O Concílio deu passos muito importantes em vista da restauração da unidade dos cristãos: fala do Movimento Ecumênico como "obra do Espírito Santo" (*UR*, 1); reconhece que os cristãos de outras Igrejas estão "incorporados a Cristo", "com razão, são honrados com o nome de cristãos", são reconhecidos pela Igreja Católica como "irmãos no Senhor" e mantém com ela "certa comunhão, embora imperfeita"; que eles conservam muitos bens da Igreja como "a Palavra escrita de Deus, a vida da graça, a fé, a esperança, a caridade e outros dons interiores do Espírito Santo etc."; que as outras Igrejas "de forma alguma estão destituídas de significação e importância no mistério da salvação" e que "o Espírito Santo não recusa empregá-las como meios de salvação" (*UR*, 3) etc. Ao mesmo tempo em que afirma que a Igreja de Jesus Cristo "subiste" na Igreja católico-romana (*LG*, 8; *UR*, 4), reconhece a eclesialidade das outras Igrejas cristãs (*LG*, 15; *UR*, 3), e indica caminhos para a prática do ecumenismo (*UR*, 5-12).

Depois do entusiasmo conciliar houve um esfriamento na Igreja com relação ao ecumenismo. Mas é importante lembrar com João Paulo II que "a Constituição Dogmática *Lumen Gentium* liga a doutrina sobre a Igreja Católica ao reconhecimento dos elementos salvíficos que se encontram nas outras Igrejas e comunidades eclesiais", de modo que "a procura da unidade dos cristãos não é um ato facultativo ou oportunista, mas uma exigência que dimana do próprio ser da comunidade cristã" (*UUS*, 49).

2) Se a Igreja deve ser "germe firmíssimo de unidade, esperança e salvação" para todos os povos ou "sacramento visível dessa sadia unidade" (*LG*, 9), ela não pode se fechar sobre si mesma, recusando a fraternidade a outros irmãos. Por isso, a abertura, o diálogo e a interação com os crentes de outras religiões e com todas as pessoas aparecem como um aspecto do mistério da Igreja que diz respeito à sua catolicidade. Falando da universalidade ou catolicidade do único povo de Deus, o Concílio afirma que "todos os fiéis dispersos pela terra estão em comunhão com os demais no Espírito Santo", "que todos os homens são chamados a essa católica unidade do povo de Deus" e que "a ela pertencem ou são ordenados de modos diversos quer os fiéis católicos, quer os outros crentes em Cristo, quer enfim todos os homens em geral, chamados à salvação pela graça de Deus" (*LG*, 13). Aborda o diálogo e a interação com os crentes de outras religiões no contexto mais amplo da universalidade do desígnio salvífico de Deus e da missão da Igreja (*LG*, 16). No Documento sobre as relações da Igreja Católica com as religiões não cristãs, parte daquilo que é "comum aos homens e os move a viver juntos o seu destino": todos os povos "constituem uma só comunidade", "têm uma origem comum" e um "fim comum" (*NA*, 1);

afirma que "a Igreja Católica nada rejeita do que há de verdadeiro e santo nas religiões", exorta seus filhos a que "reconheçam, mantenham e desenvolvam os bens espirituais e morais, como também os valores socioculturais que entre eles se encontram" (*NA*, 2); e conclui afirmando que "não podemos, na verdade, invocar a Deus como Pai de todos, se recusamos o tratamento fraterno a certos homens, criados também à imagem de Deus", já que "a relação do homem para com Deus Pai" é inseparável da "relação do homem para com os homens irmãos" (*NA*, 5).

De modo que a busca da unidade com os cristãos de outras Igrejas e com os crentes de outras religiões aparece como um aspecto fundamental do mistério da Igreja. Está ligada à confissão da "Igreja una e católica". E é preciso avançar nessa busca...

CAPÍTULO III
Igreja: povo de Deus

Se a Igreja só pode ser entendida a partir e em função de sua missão de ser "sacramento" do reinado de Deus no mundo, ela não pode se constituir e se organizar de qualquer forma. Sua condição de "povo *de Deus*", "corpo *de Cristo*" e "templo *do Espírito*" precisa se concretizar e aparecer em sua forma de organização e em suas relações de poder (Mt 20,25-28; Jo 13,14). Só na medida em que ela está constituída e organizada segundo a vontade de Deus (sinal) pode ser fermento do reinado de Deus no mundo (instrumento). É claro que a Igreja é um corpo ou uma organização/instituição social. Não é mera ideia nem existe abstratamente. Mas ela tem que se constituir e se organizar de tal modo que seja "sinal e instrumento" do reinado de Deus.

Nesse sentido, um aspecto importante e fundamental na reflexão teológica sobre a Igreja diz respeito à sua constituição e organização como corpo social ou à sua "estrutura visível" (*LG*, 14). O desafio aqui é pensar a *estrutura visível* da Igreja a partir e em função de sua *missão salvífica*. São dois aspectos constitutivos e inseparáveis do mistério da Igreja: ela *só* existe como corpo/estrutura social; mas esse corpo/estrutura social *só* é Igreja na medida em que é "sinal e instrumento" do reinado de Deus no mundo. Nem se pode pensar a missão salvífica da Igreja prescindindo de sua constituição como corpo social, nem se pode configurar/organizar a Igreja como corpo social de qualquer modo, em contradição com sua missão salvífica.

A tentação de pensar a Igreja a partir e em função do poder hierárquico acabou desenvolvendo uma compreensão de Igreja como "sociedade desigual". Ela seria formada por "duas categorias de pessoas" ou "dois gêneros de cristãos" radicalmente diferentes: hierarquia/clero que manda/ensina e fiéis/leigos que obedecem/aprendem. Essa forma de pensar a Igreja, que serve para legitimar o poder da hierarquia: 1) leva a um reducionismo da Igreja à hierarquia (Igreja = hierarquia); 2) cria uma divisão radical que nega a unidade/igualdade fundamental de todos os batizados (clero x leigo); e 3) contradiz a missão da Igreja (fraternidade/serviço x desigualdade/dominação).

O Concílio Vaticano II deu passos decisivos para superar essa visão distorcida da Igreja como "sociedade desigual". Não no sentido de negar a importância e a especificidade do ministério ordenado, mas no de afirmar a dignidade e a igualdade fundamentais de todos os batizados, que é anterior a qualquer diferença carismático-ministerial, e de pensar o ministério ordenado a partir e em função da Igreja como um todo. E fez isso com base na categoria "povo de Deus". Essa é a imagem ou o conceito de Igreja mais importante e mais determinante no Concílio. Não seria exagerado afirmar que a contribuição mais importante do Concílio para a compreensão da Igreja foi precisamente recordar que ela é "povo de Deus". Assim como a expressão "sacramento de salvação" foi uma clara correção da compreensão reducionista da Igreja como "sociedade perfeita", a expressão "povo de Deus" é claramente uma correção da compreensão distorcida da Igreja como "sociedade desigual".

O Documento 62 da CNBB, intitulado *Missão e ministério dos cristãos leigos e leigas*, afirma no número 104 que, "embora o Concílio Vaticano II tenha lançado as bases para uma compreensão da estrutura social da Igreja como comunhão, essa estrutura continua sendo pensada dentro do binômio clássico 'hierarquia e laicato'", e essa forma de pensar é problemática: por um lado, "distingue muito a hierarquia e o laicato porque não realça suficientemente a unidade batismal, crismal e eucarística que liga no mesmo e único Espírito os leigos e os ministros ordenados", dando a impressão de que "hierarquia e laicato não pertencem à mesma comunhão eclesial, que é toda ela 'sacramento de salvação' no mundo e para o mundo"; por outro lado, "distingue muito pouco, porque, no interior da comunidade eclesial, destaca apenas estas duas realidades – a hierarquia e o laicato –, deixando na sombra a imensa variedade de carismas, serviços e ministérios que o único Espírito suscita para a vida e missão da Igreja".

No número seguinte, afirma que vários teólogos, "desenvolvendo perspectivas já presentes no Concílio, mas ainda não explicitadas, têm proposto pensar a estrutura social da Igreja em termos de 'comunidade – carismas e ministérios'". O termo *comunidade* "inclui tudo o que há de comum a todos os membros da Igreja". E a dupla *carismas* e *ministérios* "inclui tudo o que positivamente os distingue". O documento conclui afirmando que "esta é a perspectiva do Novo Testamento, onde nunca aparece o termo 'leigo' ou 'leiga', mas sublinham-se os elementos comuns a todos os cristãos e, ao mesmo tempo, valorizam-se as diferenças carismáticas, ministeriais e de serviço".

E é nessa perspectiva que vamos refletir sobre a estrutura social da Igreja. Ela será abordada aqui em termos de "comunidade" (unidade), com seus "carismas e ministérios" (diversidade) e com seu caráter sinodal (dinamismo).

1. Comunidade

A compreensão da Igreja como "povo de Deus" destaca, antes de tudo, aquilo que é comum a todos os cristãos ou aquilo em que todos os cristãos coincidem enquanto batizados e membros do "corpo de Cristo". Antes de qualquer diferença carismática (carisma) e/ou ministerial (ministério), está a condição de "povo de Deus", que é comum a todos os batizados.[1] Só a partir dessa condição comum é que se pode falar dos diversos carismas e ministérios na Igreja. Eles são dons do Espírito para a edificação do "povo de Deus" e a realização de sua missão no mundo.

---

[1] VELASCO, Rufino. *A Igreja de Jesus*: processo histórico da consciência eclesial. Petrópolis: Vozes, 1996, p. 241-294; 322-401; KEHL, Medard. *A Igreja*: uma eclesiologia católica. São Paulo: Loyola, 1997, p. 97-116; CNBB. *Missão e ministério dos cristãos leigos e leigas*. São Paulo: Paulinas, 2012 (Doc. 62); COMBLIN, José. *O povo de Deus*. São Paulo: Paulus, 2002; RAUSCH, Thomas. *Rumo a uma Igreja verdadeiramente católica*. São Paulo: Loyola, 2008, p. 29-49; KASPER, Walter. *A Igreja Católica*: essência, realidade, missão. São Leopoldo: Unisinos, 2012, p. 256-282; COMISSÃO TEOLÓGICA INTERNACIONAL. *O sensus fidei na vida da Igreja*. São Paulo: Paulinas, 2015.

E aqui está uma das maiores e mais importantes novidades e contribuições do Concílio Vaticano II para a compreensão da Igreja. A afirmação da igualdade fundamental pela comum dignidade e missão de todos os cristãos corrige uma visão de Igreja centrada no poder hierárquico e dinamizada por relações de dominação-subordinação. Nesse sentido, a imagem da Igreja como "povo de Deus" é uma correção e um esforço de superação da imagem distorcida da Igreja como "sociedade desigual". E isso já aparece claramente na estrutura do documento sobre a Igreja (*LG*): Começa falando do "povo de Deus", destacando aquilo que é comum a todos os cristãos (cap. II). Só então passa a falar das diferenças no interior do "povo de Deus": "a constituição hierárquica da Igreja e em especial o episcopado" (cap. III), "os leigos" (cap. IV) e "os religiosos" (cap. VI). Mas essas diferenças são vistas a partir e em função da unidade fundamental de todos em Cristo Jesus. Essa é a grande virada eclesial do Concílio: da Igreja como "sociedade desigual" à Igreja como "povo de Deus".

Falar da Igreja como "povo de Deus" pode parecer algo muito simples e evidente. Na prática, todos sabemos como as coisas funcionam... E, mesmo no discurso, continua-se falando da Igreja em termos de "hierarquia e laicato" e dos "leigos" como colaboradores do "clero"... Afirmar com o Concílio que a Igreja é o "povo de Deus", reconhecendo e promovendo a igualdade e a corresponsabilidade missionária de todos os batizados, continua sendo um desfio e uma tarefa na Igreja.

1.1 Comum dignidade e missão

Antes de tudo, é preciso insistir com o Concílio na igualdade fundamental e na corresponsabilidade missionária de todos os batizados na Igreja. Enquanto "povo de Deus", a Igreja não é uma "sociedade essencialmente desigual", mas uma comunidade de irmãos, na qual "reina entre todos verdadeira igualdade quanto à dignidade e ação comum a todos os fiéis na edificação do Corpo de Cristo" (*LG*, 32).

Esse é um ponto central na compreensão de Igreja do Concílio e aparece bem explicitado em vários textos: "Os batizados, pela regeneração e unção do Espírito Santo, são consagrados como casa espiritual e sacerdócio santo, para que por todas as obras do homem cristão ofereçam sacrifícios espirituais e anunciem os poderes daquele que das trevas os chamou à sua admirável luz. [...] Por isso, todos os discípulos de Cristo [...] ofereçam-se como hóstia viva agradável a Deus [...] deem testemunho de Cristo e [...] deem as razões de sua esperança da vida eterna" (*LG*, 10); "O povo santo de Deus participa também do múnus profético de Cristo, pela difusão do seu testemunho vivo, sobretudo através de uma vida de fé e caridade, e pelo oferecimento a Deus do sacrifício de louvor. [...] O conjunto dos fiéis, ungidos que são pela unção do Santo, não pode enganar-se no ato de fé" (*LG*, 12); "Incumbe a cada discípulo de Cristo o dever de disseminar a fé" (*LG*, 17); "toda a Igreja é missionária e a obra de evangelização, o dever fundamental do povo de Deus" (*AG*, 35); "como membros do corpo vivo de Cristo, a ele incorporados e consagrados pelo Batismo e também pela Confirmação e a Eucaristia, obrigados se acham todos os fiéis ao dever de cooperar na expansão e dilatação de seu corpo" (*AG*, 36); "tudo o que foi dito acerca do povo de Deus vale igualmente para os leigos, religiosos e clérigos" (*LG*, 30).

Essa comum dignidade e missão de todo o povo de Deus provém da unidade batismal-crismal-eucarística, que faz de todos os cristãos – em Cristo, no Espírito – um só corpo na diversidade de seus membros: todos os fiéis "pelo Batismo foram incorporados a Cristo, constituídos no povo de Deus e a seu modo feitos partícipes do múnus sacerdotal, profético e régio de Cristo, pelo que exercem sua parte na missão de todo o povo cristão na Igreja e no mundo" (*LG*, 31). Essa é a realidade mais fundamental na Igreja. É a base de sua organização ou estruturação social. É dela que brota toda diferença carismática (carisma) e ministerial (ministério). Antes de qualquer diferença está a igualdade fundamental de todos os cristãos. Isso faz com que a Igreja tenha que ser um corpo no qual "reina verdadeira igualdade entre todos" (*LG*, 32).

E essa unidade fundamental da Igreja é obra do Pai, pelo Filho, no Espírito (*LG*, 4; *UR*, 2). É ele quem faz/garante a unidade da Igreja, como professamos no Símbolo da Fé. Todos os cristãos são "ungidos" com o Espírito Santo. E essa unção confere a todos um "senso sobrenatural da fé", que torna possível "um consenso universal sobre as questões de fé e de costumes" (*LG*, 12). É a presença/ação do Espírito que cria e desenvolve em todos os cristãos o "senso da fé": uma espécie de "instinto" espiritual que faz da fé algo comum/familiar a todos os crentes e torna possível na Igreja um "consenso universal" (sentir/pensar/agir comum) nas questões fundamentais da fé. Em última instância, é isso que garante a "verdadeira igualdade" e a corresponsabilidade missionária de todos na Igreja e impede que ela seja uma "sociedade desigual". E é isso que torna todos os cristãos corresponsáveis na missão da Igreja: O "sagrado depósito da Palavra de Deus" foi confiado a toda a Igreja (*DV*, 10; *LG*, 30); a missão/evangelização é tarefa de todos os batizados (*LG*, 17; *AG*, 35-36).

No documento que trata do *sensus fidei* (senso da fé) na vida da Igreja, a Comissão Teológica Internacional recorda, logo na introdução, que, "descartando a representação distorcida de uma hierarquia ativa e um laicato passivo e, particularmente, a noção de uma rigorosa separação entre a Igreja docente e a Igreja discente, o Concílio ensinou que todos os batizados participam, cada um a seu modo, dos três ofícios de Cristo: profeta, sacerdotes e rei".

Há um número na *Lumen Gentium* que sintetiza bem essa comum dignidade e missão de todos os batizados: "*Um* é, pois, o povo eleito de Deus: 'um só Senhor, uma só fé, um só batismo' (Ef 4,5). *Comum* é a dignidade dos membros pela regeneração em Cristo. *Comum* a graça de filhos. *Comum* a vocação à perfeição. *Uma* só a salvação, *uma* só a esperança e *indivisa* a caridade. Não há, pois, em Cristo e na Igreja nenhuma desigualdade em vista de raça ou nação, condição social ou sexo [...], porque *todos* vós sois *um* em Cristo Jesus [...] *todos* são chamados à santidade e receberam a *mesma* fé pela justiça de Deus [...]. E ainda que alguns por vontade de Cristo sejam constituídos mestres, dispensadores dos mistérios e pastores em benefício dos demais, reina, contudo, entre todos *verdadeira igualdade* quanto à dignidade e a ação comum a todos os fiéis na edificação do Corpo de Cristo" (*LG*, 32). Essa é a razão última pela qual a "estrutura visível" da Igreja (*LG*, 14) tem como base ou fundamento a igualdade/dignidade e a corresponsabilidade missionária de todos os cristãos.

1.2 Tríplice missão

O Concílio sempre fala da Igreja a partir de Jesus Cristo e descreve a missão salvífica da Igreja a partir da tríplice missão de Jesus. Essa missão diz respeito a *todos* os que "pelo batismo foram incorporados a Cristo, constituídos no povo de Deus e a seu modo feitos partícipes do múnus sacerdotal, profético e real de Cristo" (*LG*, 31).

1) A participação no sacerdócio de Jesus Cristo faz da Igreja um povo sacerdotal. Mas, como lembra a Carta aos Hebreus (Hb 10,1-18), seu sacerdócio não é um *sacerdócio ritual* como o dos sacerdotes do templo (sacrifícios e oferendas). É um *sacerdócio vital* que se realiza na confiança e na obediência a Deus, na entrega total da vida ao Pai, no Espírito, mediante o serviço aos irmãos, sobretudo os caídos à beira do caminho, os pobres e marginalizados (fazer a vontade de Deus). Aderindo a ele, na força do Espírito, os cristãos participam do seu único/verdadeiro sacerdócio, oferecendo a Deus um "perene sacrifício de louvor", através da "prática do bem e da partilha", que são "os sacrifícios que agradam a Deus" (Hb 13,15s; Rm 12,1ss; 1Pd 2,5).

O Concílio retoma e destaca essa tradição do sacerdócio comum dos cristãos como participação no sacerdócio de Jesus Cristo, que se efetiva "tanto através dos sacramentos, como através do exercício das virtudes" (*LG*, 11): "Os batizados, pela regeneração e unção do Espírito Santo, são consagrados como casa espiritual e sacerdócio santo. [...] Por isso, todos os discípulos de Cristo [...] ofereçam-se como hóstia viva agradável a Deus [...], deem testemunho de Cristo e [...] deem as razões de sua esperança na vida eterna" (*LG*, 10); "consagrados a Cristo e ungidos pelo Espírito, os leigos são admiravelmente chamados e munidos para que neles se produzam sempre mais abundantes os frutos do Espírito" e tornem suas vidas "hóstias espirituais, agradáveis a Deus, por Cristo" – "hóstias que são piedosamente oferecidas ao Pai com a oblação do Senhor na celebração da Eucaristia" (*LG*, 34).

2) A participação na missão profética de Jesus de anúncio do reinado de Deus faz da Igreja um povo profético. "Cristo, o grande Profeta que proclamou o Reino do Pai, quer pelo testemunho da vida, quer pela força da palavra, continuamente exerce seu múnus profético até a plena manifestação da Glória". E faz isso não apenas através dos ministros ordenados, mas sim através de todos os cristãos, a quem "constituiu-os testemunhas e ornou-os com o senso da fé e a graça da palavra [...] para que brilhe a força do Evangelho na vida cotidiana, familiar e social" (*LG*, 35). O exercício dessa missão profética se dá "pela difusão do seu testemunho vivo, sobretudo através de uma vida de fé e caridade e pelo oferecimento a Deus do sacrifício de louvor" (*LG*, 12).

Para essa missão, o conjunto dos fiéis é ungido com o Espírito Santo e dotado de um "senso da fé", por meio do qual "recebe" a Palavra de Deus, "penetra-a mais profundamente e mais plenamente a aplica na vida" (*LG*, 12). Francisco tem insistido muito nesse ponto: "Como parte de seu mistério de amor pela humanidade, Deus dota a totalidade dos fiéis com um *instinto* da fé que os ajuda a discernir o que vem realmente de Deus. A presença do Espírito confere aos cristãos certa conaturalidade com as realidades divinas e uma sabedoria que lhes permite captá-las intuitivamente, embora não possuam os meios adequados para expressá-las com precisão" (*EG*, 119).

3) Participando da missão real de Jesus Cristo, todos os cristãos "devem cooperar na dilatação e incrementação do Reino de Cristo no mundo" (*LG*, 35). O anúncio/realização do reinado de Deus é o coração da vida/missão de Jesus e de sua Igreja: "O Senhor Jesus iniciou sua Igreja pregando o advento do Reino de Deus" (*LG*, 5); ela é "o Reino de Deus *já* presente em mistério" (*LG*, 3); "sua *meta* é o Reino de Deus" (*LG*, 25; *GS*, 45); sua missão é "anunciar/estabelecer" o Reino de Deus no mundo e ela mesma se constitui como "germe e início" deste Reino (*LG*, 5).

Mas é preciso insistir que não se trata de qualquer reino, mas do reinado de Deus anunciado/realizado por Jesus: "reino de 'verdade e vida, reino de santidade e graça, reino de justiça, amor e paz" (*LG*, 36). E tal como foi anunciado/realizado por Jesus: "Assim como Cristo consumou a obra da redenção na pobreza e na perseguição, também a Igreja é chamada a seguir o mesmo caminho, a fim de comunicar aos homens a salvação. [...] Cristo foi enviado pelo Pai para 'evangelizar os pobres, sanar os contritos de coração', 'procurar e salvar o que tinha perecido': semelhantemente, a Igreja cerca de amor todos os afligidos pela fraqueza humana, reconhece mesmo nos pobres e sofredores a imagem de seu fundador pobre e sofredor. Faz o possível para mitigar-lhes a pobreza e neles procura servir a Cristo" (*LG*, 8).

Essa tríplice missão "atinge todos os cristãos sem exceção" (*LG*, 33). A incorporação a Jesus Cristo no Espírito Santo faz de *todos* os batizados participantes, colaboradores e corresponsáveis de sua missão salvífica no mundo. De modo que a unidade fundamental da Igreja diz respeito à comum dignidade missão dos batizados.

1.3 Elementos constitutivos

Uma das intuições e uma das marcas mais importantes e originais da recepção do Concílio na América Latina, a partir da Conferência de Medellín, foi a concretização da Igreja como "povo de Deus" em "comunidades eclesiais de base": comunidades concretas que se constituem como: 1) lugar de oração, vida fraterna e compromisso com os pobres e marginalizados; 2) lugar onde se exercitam e se desenvolvem carismas e ministérios importantes e necessários para a vida da Igreja e sua missão no mundo; 3) "foco de evangelização" e "promoção humana"; 4) "célula inicial da estrutura da Igreja"; e "renovação da paróquia". A referência fundamental sempre foi a vida das primeiras comunidades cristãs: "Eram perseverantes no *ensinamento dos apóstolos*, na *comunhão fraterna*, na *fração do pão* e nas *orações*" (At 2,42); "a multidão dos fiéis era *um só coração e uma só alma* [...] tudo entre eles era posto em *comum* [...] entre eles *ninguém passava necessidade*" (At 4,32-34).

As comunidades eclesiais de base floresceram por todo o continente latino-americano, revigorando a vida interna da Igreja e sua missão salvífica no mundo. Sempre foram muito diversas em sua constituição, em sua organização, em suas atividades e na realização de sua missão, mas caracterizadas pelo esforço de não separar "fé e vida", como indicava o Concílio (*GS*, 42). Enquanto seguimento de Jesus Cristo, a fé é um modo concreto de viver ou fazer a vida. Daí o esforço de articular Bíblia-vida (círculos bíblicos), liturgia-vida (dia do Senhor), evangelização-libertação (anúncio do Evangelho e compromisso social). Isso renovou a vida da Igreja (rede de comunidades) e tornou fecunda e eficaz sua missão na sociedade (evangelização libertadora).

À medida que o movimento de renovação da Igreja desencadeado pelo Concílio (diálogo/envolvimento com o mundo) foi esfriando e a Igreja foi se despreocupando dos problemas da sociedade e se fechando sobre si mesma (catequese, liturgia, dízimo, eventos religiosos), a dinâmica das comunidades foi mudando. Não é que desapareceram as comunidades. Ao contrário, elas se multiplicaram. Mas mudou seu modo de vida e sua ação na sociedade. Em geral, elas têm-se reduzido a comunidade de culto, catequese e eventos religiosos, sem maiores preocupações e envolvimento com os problemas da sociedade. Essa é a diferença fundamental das comunidades eclesiais de base, que nasceram no processo de renovação conciliar da Igreja latino-americana, a partir das conferências de Medellín e Puebla, e são o modelo de comunidade predominante hoje em nossas paróquias e dioceses.

Em todo caso, continua-se insistindo na Igreja como *comunidade*. A Conferência de Aparecida recuperou e reafirmou a dimensão e o dinamismo comunitários da fé (*DAp*, 170-180; 304-110). O papa Francisco tem insistido muito em uma renovação missionária da Igreja, superando o autocentramento em um movimento de "saída para as periferias" e na corresponsabilidade de todos como discípulos-missionários de Jesus Cristo (*EG*). O Documento 100 da CNBB, "Comunidade de comunidades: uma nova paróquia", insiste na conversão pastoral da paróquia a partir da vida em comunidade e de sua constituição como "rede de comunidades" ou "comunidade de comunidades". E as novas Diretrizes Gerais da Ação Evangelizadora da Igreja no Brasil (2019-2023) assumem como "prioridade da ação evangelizadora" e como "referencial concreto para a conversão pastoral" a "formação de pequenas comunidades eclesiais missionárias" (*DGAE*, 36). Elas são apresentadas como "ambiente de vivência da fé e forma de presença da Igreja na sociedade" (*DGAE*, 144).

É verdade que há uma diversidade muito grande de comunidades na Igreja, e também que há uma tendência, na maioria das comunidades, de se reduzir a comunidade de culto, catequese e eventos religiosos, sem maiores preocupações e envolvimento com os problemas da sociedade. Mas a referência das primeiras comunidades e o movimento de renovação da Igreja desencadeado pelo Concílio recordam sempre de novo os elementos ou aspectos essenciais que não podem faltar em uma comunidade cristã. E essa recordação provoca/convoca a conversão e é ou pode ser fonte de renovação eclesial.

Os Atos dos Apóstolos destacam quatro elementos fundamentais: ensinamento dos apóstolos, comunhão fraterna, fração do pão e orações (At 2,42). As CEBs, em sua enorme diversidade, destacam cinco aspectos fundamentais: Palavra de Deus, vida comunitária, oração/celebração, compromisso com os pobres, diversidade de carismas e ministérios. Em sua Encíclica "Deus é amor", Bento XVI indica três âmbitos essenciais da Igreja: administração dos sacramentos, anúncio da Palavra e serviço da caridade (*DCE*, 22). E as novas diretrizes da CNBB falam da Igreja como uma "casa" sustentada por "quatro pilares": Palavra, pão, caridade, missão.

Há aqui uma grande sintonia naquilo que é essencial e não pode faltar em uma comunidade cristã. Em princípio, todos estão de acordo com isso. Na prática, o grande desafio é a caridade ou a opção pelos pobres, sobretudo, na luta por seus direitos. Esse é o nó da questão, como tanto tem insistido o papa Francisco.

2. Carismas e ministérios

A compreensão da Igreja como "povo de Deus" implica, antes de tudo, no reconhecimento e na afirmação da *unidade-igualdade fundamental* de todos os cristãos. Essa igualdade fundamental diz respeito à comum dignidade e missão de todos. Ela está fundada na unidade batismal-crismal-eucarística de todos os membros do corpo de Cristo e é sustentada pelo Espírito Santo, que nos foi dado e faz a "Igreja una". Mas essa unidade-igualdade fundamental de todos na Igreja não nega nem compromete a *diversidade carismático-ministerial* que a constitui e faz dela uma realidade plural e diversa. Igualdade não é sinônimo de uniformidade. Como tantas vezes cantamos na liturgia eucarística, em sintonia com o apóstolo Paulo, "nós somos *muitos*, mas formamos *um só corpo*, que é o corpo do Senhor, a sua Igreja". Essa imagem da Igreja é muito importante aqui porque, ao mesmo tempo que afirma a diversidade de seus "membros" (muitos), afirma sua unidade como "corpo" (um).

Se no ponto anterior tratamos da Igreja como *comunidade*, destacando aquilo que é comum a todos ou aquilo em que todos coincidem, neste ponto vamos tratar da diversidade de *carismas e ministérios* que constituem a Igreja e fazem dela uma realidade plural e diversa.[2] Também aqui o Concílio é uma referência fun-

---

[2] TABORDA, Francisco. *A Igreja e seus ministros*: uma teologia do ministério ordenado. São Paulo: Paulus, 2011; CNBB. *Missão e ministério dos cristãos leigos e leigas*. São Paulo: Paulinas, 2012 (Doc. 62); KASPER, Walter. *A Igreja Católica*: essência, realidade, missão. São Leopoldo: Unisinos, 2012, p. 282-363; ALMEIDA, Antônio José. *Sois um em Cristo Jesus*. São Paulo: Paulinas, 2012, p. 118-135; idem. *Novos Ministérios*: a necessidade de um salto à frente. São Paulo: Paulinas, 2013; CARIAS, Celso Pinto. *Ministérios leigos nas CEBs*. São Leopoldo: ISER/CEBI, 2013.

damental. Primeiro, porque a afirmação da unidade-igualdade fundamental de todos não nega as diferenças (que é diferente de desigualdade) carismático-ministeriais na Igreja: comum dignidade e missão na diversidade de carismas e ministérios. Segundo, porque essa diversidade carismático-ministerial é compreendida a partir e em função da constituição da Igreja e sua missão no mundo: "sacerdócio comum – sacerdócio ministerial". Terceiro, porque, embora destacando o ministério ordenado, não reduz a ministerialidade da Igreja a esse ministério que é um entre e em função de muitos.

Nessa perspectiva, e em sintonia com o que dissemos anteriormente a respeito da unidade-igualdade fundamental de todos os batizados, trataremos da dimensão carismático-ministerial da Igreja, da diversidade de carismas e ministérios e da especificidade do ministério ordenado.

2.1 Dimensão carismático-ministerial da Igreja

Se é verdade que há na Igreja uma *comum dignidade e missão* entre todos os batizados, também é verdade que essa Igreja é constituída por uma *diversidade de carismas e ministérios*, que são suscitados e sustentados pelo Espírito para o bem da Igreja e sua missão no mundo. Isso tem dupla implicação para a compreensão dos carismas e ministérios: eles são *constitutivos* da Igreja e estão a *serviço* da Igreja.

A) São *constitutivos* da Igreja: o mesmo Espírito que faz a "Igreja una" – "Creio no Espírito Santo" que faz a Igreja "santa, católica, apostólica" – suscita na Igreja uma diversidade de carismas e ministérios (1Cor 12–14; Rm 12,3-8; Ef 4,1-16; 1Tm 3,1-13; 5,17-22).

Isso faz da Igreja uma realidade essencialmente carismático-ministerial. Os carismas e ministérios não são algo secundário, mas constitutivos da Igreja. Não são privilégios de alguns, mas dons diversificados do Espírito ao conjunto da Igreja. Não se restringem ao ministério ordenado, pois são muitos e diversos. Não são uma mera ajuda/suplência ao ministério ordenado, como se existissem apenas porque os ministros ordenados não dão conta de fazer tudo sozinhos. Tampouco são mera delegação dos ministros ordenados, mas dons do Espírito que brotam da vocação/missão batismal-crismal-eucarística.

O Concílio ajudou a redescobrir essa dimensão carismático-ministerial da Igreja em sua riqueza e diversidade: "Por instituição divina, a santa Igreja é estruturada e regida com admirável variedade. 'Pois *como* em um só corpo temos muitos membros, mas todos os membros não têm a mesma função, *assim nós*, embora sejamos muitos, somos um só corpo em Cristo, e cada um de nós somos membros uns dos outros" (*LG*, 32); "Os pastores sagrados *sabem* perfeitamente quanto os leigos contribuem para o bem de toda a Igreja. *Sabem também* que não foram instituídos por Cristo a fim de assumirem sozinhos toda a missão salvífica da Igreja no mundo. Seu preclaro múnus é apascentar de tal forma os fiéis e reconhecer suas atribuições e carismas, que todos, a seu modo, cooperem unanimemente na obra comum" (*LG*, 30).

B) Estão a *serviço* da Igreja: os carismas e ministérios não existem para proveito próprio de quem os exerce. Não devem se tornar fonte de privilégio e instrumento de dominação na comunidade eclesial e na sociedade. Eles são *dons* do Espírito *para* o bem da Igreja e sua missão no mundo. Estão a serviço da Igreja e sua missão salvífica e devem ser acolhidos e vividos por todos como um *serviço*. Têm estrutura e dinamismo graciosos: graça/dom *de* Deus (vem de) *para* o bem de todos (está a serviço de): "A cada um é *dada* a manifestação do Espírito *em vista* do bem de todos" (1Cor 12,7); "A alguns ele *concedeu* serem apóstolos, a outros, serem profetas, a outros, evangelistas, a outros, pastores e mestres, *para* capacitar os santos para a obra do ministério para a edificação do Corpo de Cristo" (Ef 4,11s).

O Concílio insistiu muito nesse ponto, especialmente no que diz respeito ao ministério ordenado: "O sacerdócio comum dos fiéis e o sacerdócio ministerial ou hierárquico ordenam-se um ao outro, [...] pois ambos participam, cada um a seu modo, do único sacerdócio de Cristo" (*LG*, 10); "Para apascentar e aumentar sempre o povo de Deus, Cristo Senhor instituiu na sua Igreja uma variedade de ministérios que tendem ao bem de todo o corpo" (*LG*, 18). Mas isso que vale para o ministério ordenado, vale também para o conjunto dos carismas e ministérios, uma vez que "não é apenas através dos sacramentos e dos ministros que o Espírito Santo santifica e conduz o povo de Deus e o orna de virtudes, mas, repartindo seus dons 'a cada um como lhe apraz' (1Cor 12,11), distribui entre os fiéis de qualquer classe mesmo graças especiais. Por ela, os torna aptos e prontos a tomarem sobre si os vários trabalhos e ofícios que contribuem para renovação e maior incremento da Igreja, segundo estas palavras: 'A cada um é dada a manifestação do Espírito para a utilidade comum' (1Cor 12,7)" (*LG*, 12). Todos os carismas e ministérios são *dons* do Espírito *para* o bem da Igreja e para sua missão no mundo.

Importa insistir aqui no caráter carismático-ministerial da Igreja e no dinamismo de serviço que caracteriza os vários carismas e ministérios na Igreja. Em princípio, isso parece muito simples e evidente. Na prática, é muito mais complexo e difícil do que pode parecer. Temos uma Igreja muito clerical, centrada no poder do clero. Tudo gira em torno do clero e tudo depende do clero. O clericalismo é tanto uma mentalidade (centralidade do clero) como uma forma de organização (dependência do clero). Em uma Igreja clerical, os carismas e ministérios e seu exercício dependem sempre do clero. Eles são compreendidos e vividos como ajuda/auxílio ao clero: já que o clero não consegue fazer tudo sozinho, pede ajuda ou encarrega os leigos de determinados serviços/funções. Aparecem como auxílio/suplência do clero e não como constitutivos da Igreja. E sua origem/legitimidade provém do encargo do clero, e não da vocação/missão batismal-eucarística. Infelizmente, essa lógica clerical tende a se reproduzir no exercício dos carismas e ministérios nas comunidades. Basta ver a prática centralizadora e autoritária de muitas de nossas lideranças...

2.2 Diversidade de carismas e ministérios

Tendo insistido na dimensão carismático-ministerial da Igreja ou no caráter constitutivo dos carismas e ministérios na Igreja, vamos tratar agora da riqueza e da variedade dos carismas e ministérios e da diversidade de suas formas de reconhecimento e institucionalidade na Igreja.

Mas antes convém chamar a atenção para a distinção e a articulação entre carismas e ministérios. Se eles se implicam mutuamente, não se identificam sem mais. Se todo ministério supõe um carisma, nem todo carisma se torna um ministério. De modo bem simples, podemos dizer que *carisma* é um dom (sensibilidade, habilidade, capacidade, aptidão, poder etc.) do Espírito para o bem da Igreja e *ministério* é um serviço instituído e confiado pela Igreja para tornar possível sua vida e missão. Ambos são *dons* do Espírito *para* o bem da Igreja e sua missão e devem ser cultivados e promovidos por toda a comunidade. Mas enquanto o *carisma* é algo mais espontâneo e mais ligado à pessoa, o *ministério* é algo mais institucional e depende mais diretamente da comunidade que o institui e o confia a determinadas pessoas. O ministério supõe o carisma (exercer um ministério sem carisma pode causar um grande mal na comunidade), mas acrescenta ao carisma o *status* de função/serviço/delegação oficial da comunidade (age oficialmente em nome da comunidade). É um carisma que assume a forma de um serviço oficial na comunidade: um serviço necessário para a vida e a missão da Igreja e um serviço confiado a determinadas pessoas.

Sempre houve na Igreja uma variedade muito grande de carismas e ministérios, como se pode constatar já nas comunidades paulinas (1Cor 12–14; Rm 12,3-8; Ef 4,1-16; 2Tm 3,1-13; 5,17-22). Com a morte dos apóstolos e o conflito com falsos mestres e falsos ensinamentos, o ministério de ensino e governo pastoral exercido por presbíteros e/ou bispos vai ganhando importância e centralidade nas comunidades, como se pode ver nas cartas a Timóteo e a Tito e na 2ª Carta de Pedro. Fato é que, a partir do final do século I há consolidação e concentração de um tríplice ministério na Igreja: bispos, presbíteros e diáconos (At 14,23; 15,6; 2Tm 3,1-13; 4,12-16; Tt 1,5-9; 1Pd 5,1-4; Tg 5,14-16). Aos poucos, foi se desenvolvendo uma mentalidade e um dinamismo eclesiais centralizados no ministério de presidência da Igreja: bispos e presbíteros. Isso resultou em um processo de clericalização que, além de ofuscar/sufocar a diversidade de carismas e ministérios, termina comprometendo a igualdade fundamental de todos os batizados na Igreja.

Mas não obstante esse processo de clericalização, sempre existiu na Igreja uma diversidade de carismas e ministérios. E isso foi retomado com muito entusiasmo e criatividade pelo Concílio Vaticano II e, sobretudo, pelas comunidades eclesiais de base. Dentre os muitos carismas e ministérios que existiram e existem na Igreja, alguns são particularmente importantes e necessários, porque dizem respeito àquilo que anteriormente chamamos elementos constitutivos de uma comunidade eclesial: *Ministérios da Palavra* (ministros ordenados, ministros/as da Palavra, animadores da leitura orante da Bíblia, catequistas, animadores de círculos bíblicos ou grupos de reflexão, biblistas etc.); *Ministérios da liturgia* (ministros ordenados, ministros da Palavra, acólitos, leitores, cantores, ministros da Sagrada Comunhão, ministros das exéquias, animadores da via-sacra, do terço ou da novena etc.); *Ministérios da caridade* (diáconos, equipes de visita a doentes e idosos, grupos de assistência aos necessitados, equipes de caridade e direito, Cáritas, Centros de Direitos Humanos, pastorais sociais etc.); *Ministérios de presidência* (bispos, presbíteros, animadores/coordenadores de comunidades, pastorais e movimentos, conselhos ou coordenações de pastoral etc.).

Esses ministérios são fundamentais na vida da Igreja e exercidos de forma mais ou menos espontânea/institucionalizada. No que diz respeito a seu reconhecimento ou grau de institucionalidade na Igreja, costuma-se distinguir quatro tipos de ministério:

ministérios reconhecidos (sem formalidade canônica e sem um rito litúrgico, mas reconhecidos pela comunidade); *ministérios confiados* (com gesto litúrgico simples ou alguma forma canônica: ministérios da Sagrada Comunhão e do Batismo); *ministérios instituídos* (com rito litúrgico de instituição: leitor e acólito); *ministérios ordenados* (sacramento da ordem: bispo, presbítero e diácono). Se o ministério "ordenado" é algo comum em todas as Igrejas, os ministérios "reconhecidos", "confiados" e "instituídos" variam muito em sua diversidade e institucionalidade de Igreja para Igreja, e mesmo em sua regulamentação jurídica no conjunto da Igreja. Nesse sentido, o Documento Final do Sínodo para a Amazônia, em 2019, insiste em uma Igreja "toda ministerial" e na necessidade de "novos ministérios", propõe rever a legislação para que as mulheres possam receber os ministérios de leitorado e acolitado, continuar a reflexão sobre o diaconato permanente para mulheres e conferir a ordenação presbiteral a diáconos casados que atuam nas áreas mais remotas da região amazônica ou mesmo no conjunto da Igreja (*SA*, 93-111). Tudo isso alarga os horizontes da ministerialidade da Igreja...

2.3 Ministério ordenado

Pela função que desempenha e pelo lugar que ocupa historicamente na Igreja, o ministério ordenado, particularmente o ministério dos bispos e dos presbíteros, enquanto ministério de presidência, exige uma consideração especial. A compreensão e o modo de exercício desse ministério têm importância decisiva, inclusive no cultivo e no desenvolvimento dos vários carismas e ministérios na Igreja.

Também aqui, o Concílio provocou mudanças profundas na compreensão e no exercício desse ministério. Antes de tudo, na abordagem do ministério ordenado a partir e em função da Igreja. Começa tratando do que é comum a todo povo de Deus e só então trata do ministério ordenado como serviço ao povo de Deus. Não é a Igreja que existe (e deve ser pensada) a partir e em função do ministério ordenado. Ao contrário. O ministério ordenado existe e só tem sentido em função do povo de Deus. Embora não prescinda totalmente da linguagem sacerdotal, o Concílio usa a linguagem adequada para se referir aos ministros ordenados: "ministério" e "serviço". E, mesmo quando usa a linguagem sacerdotal, recorrendo à formulação de Pio XII, costuma falar de "sacerdócio ministerial ou hierárquico" para distinguir do "sacerdócio comum dos fiéis" (*LG*, 10). Além do mais, insere o ministério ordenado no contexto mais amplo da diversidade de carismas e ministérios suscitados pelo Espírito para o bem da Igreja e sua missão no mundo: o ministério ordenado é um *dentre* e *em função dos* muitos carismas e ministérios (*LG*, 12, 30). O Concílio trata os *carismas e ministérios* como dons do Espírito para a vida e missão da Igreja (Igreja – carismas e ministérios) e trata o *ministério ordenado* como um dentre e em função dos muitos carismas e ministérios na Igreja (carismas e ministérios – ministério ordenado).

O ministério ordenado é, por excelência, o ministério da unidade. Constitui-se como serviço à unidade da Igreja. Essa é sua especificidade. Os ministros ordenados são ministros ou servidores da unidade. Eles não detêm o monopólio da ministerialidade da Igreja, mas, atentos e dóceis ao Espírito, devem ser promotores da diversidade de carismas e ministérios (muitos) na unidade do corpo de Cristo (um). Como bem recorda e indica o número 87 do Documento 62 da CNBB sobre *Missão e ministério dos cristãos leigos e leigas*, o ministério ordenado não consiste na "síntese dos ministérios", mas no "ministério da síntese". Ele não se caracteriza por concentrar em si todos os carismas e ministérios, mas por favorecer a unidade dos diversos carismas e ministérios.

Os *bispos* são, por excelência, os ministros da unidade. Presidem as Igrejas locais como seus autênticos pastores (*LG*, 20) e "não devem ser considerados como vigários do Romano Pontífice" (*LG*, 27). Unidos entre si e com o bispo de Roma formam o Colégio Episcopal e são sinal e mediação do "vínculo da paz, do amor e da unidade" na Igreja (*LG*, 22-23). O exercício do seu ministério está marcado pela tríplice missão de Jesus e de sua Igreja: profética, sacerdotal e real (*LG*, 25-27). E nesse ministério são "auxiliados" ou "assistidos" pelos presbíteros e diáconos (*LG*, 20, 21, 28-29). Os *presbíteros* formam com o bispo o "único presbitério" e colaboram/cooperam com ele no ministério de presidência da Igreja. Eles participam, segundo suas competências, da tríplice missão profético-sacerdotal-real (*LG*, 28). Os *diáconos*, por sua vez, "servem ao povo de Deus na diaconia da liturgia, da palavra e da caridade" (*LG*, 29). Mas, como adverte o papa Francisco, sua especificidade é o serviço da caridade: "Os diáconos não são sacerdotes de segunda categoria [...]. Estão dedicados ao serviço dos pobres que levam em si o rosto de Cristo sofredor. São guardiões do serviço na Igreja".[3]

---

[3] Cf. PAPA FRANCISCO. *Pelos diáconos* (05/05/2020). Disponível em: https://www.youtube.com/watch?v=MZMlnIusw1g. Acesso em: 25 ago. 2020.

Todos eles participam, a seu modo e naquilo que lhes compete, da tríplice missão de Jesus e sua Igreja. A todos compete o serviço da Palavra, da liturgia e da caridade. Mas, enquanto os presbíteros colaboram com o bispo no serviço de presidência, os diáconos colaboram com o bispo no serviço da caridade. O ministério da unidade tem no presbítero uma forma presidencial (presidência) e no diácono uma forma diaconal (caridade). A presença do diácono junto ao bispo/presbítero na liturgia eucarística lembra a toda a Igreja que Eucaristia e lava-pés são indissociáveis, que a autêntica unidade na Igreja é unidade na caridade. Fora da caridade não há salvação nem Igreja...

Por fim, é importante destacar o dinamismo colegial/sinodal dos ministérios na Igreja: os bispos exercem seu ministério unidos entre si e com o bispo de Roma (Colégio Episcopal); os presbíteros exercem seu ministério unidos ao bispo e aos demais presbíteros (Presbitério); os diáconos exercem seu ministério em comunhão com o bispo e seu presbitério; bispos-presbíteros-diáconos exercem o ministério da unidade com a colaboração de lideranças, serviços e organismos de animação e coordenação pastoral (coordenações, conselhos etc.); e todos exercem seu ministério como membros da Igreja. Isso aponta para o dinamismo sinodal da Igreja e dos ministérios.

3. Sinodalidade

Falamos da Igreja como "povo de Deus" em sua unidade-igualdade fundamental (comunidade) e em sua diversidade-pluralidade constitutiva (carismas e ministérios). A Igreja é ao mesmo tempo una e diversa:

"unidade na diversidade" ou "diversidade na unidade". E isso diz respeito à sua identidade mais profunda enquanto inserida no desígnio de Deus para a humanidade e constituída como "sacramento" de salvação ou do reinado de Deus no mundo e para o mundo. A *estrutura social* da Igreja como "povo de Deus" é inseparável de sua *vocação-missão* de "sacramento de salvação". Essa mútua implicação-determinação entre estrutura social e vocação-missão cria um *dinamismo* que confere identidade à Igreja como "povo de Deus", que é no mundo e para o mundo "sacramento" de salvação ou do reinado de Deus.

Francisco tem falado desse dinamismo próprio da Igreja como um *dinamismo sinodal* e, nesse sentido, tem falado muito de *sinodalidade*.[4] A palavra "sínodo" é muito antiga e familiar na Igreja. É usada para designar assembleias eclesiais (diocesana, provincial/regional, universal) a fim de tratar de questões doutrinais, litúrgicas, canônicas e/ou pastorais. Já a palavra "sinodalidade", derivada da palavra sínodo, é muito recente e pouco familiar na Igreja. Surgiu no contexto da renovação da Igreja desencadeado pelo Concílio e tem ganhado importância e centralidade no magistério de Francisco. Foi tema de estudo recente da Comissão Teológica Internacional e será o tema da XVI Assembleia Geral

---

[4] Cf. PAPA FRANCISCO. *Comemoração do Cinquentenário da Instituição do Sínodo dos Bispos* (17/10/2015). Disponível em: http://www.vatican.va/content/francesco/pt/speeches/2015/october/documents/papa-francesco_20151017_50-anniversario-sinodo.html. Acesso em: 25 ago. 2020; COMISSÃO TEOLÓGICA INTERNACIONAL. *A sinodalidade na vida e missão da Igreja*. Brasília: CNBB, 2018; REPOLE, Roberto. *O sonho de uma Igreja evangélica*: a eclesiologia do Papa Francisco. Brasília: CNBB, 2018; FRANÇA MIRANDA, Mario de. *Igreja sinodal*. São Paulo: Paulinas, 2018; MICHELS, Toni. *"Entre vós seja assim"*: a Igreja organizada a partir de comunidades de base. São Leopoldo: ISER/CEBI, 2012.

Ordinária do Sínodo dos Bispos em outubro de 2023: "Por uma Igreja sinodal: comunhão, participação, missão". Se a palavra "sínodo" indica um *evento* eclesial, a palavra "sinodalidade" indica um *dinamismo* eclesial. E esse dinamismo eclesial está expresso na própria palavra "sínodo", que significa literalmente "caminhar juntos". De modo que a expressão "sínodo", ao mesmo tempo que designa um *evento eclesial* (sínodo), indica um *dinamismo eclesial* (sinodalidade) que deve caracterizar não apenas uma assembleia eclesial, como também a vida e a missão da Igreja em sua totalidade. E é isso que nos interessa tratar agora.

3.1 Uma Igreja sinodal

Se a Encíclica *Laudato Si'* e o Sínodo para a Amazônia são decisivos para compreender a perspectiva missionária de Francisco (cuidado da casa comum a partir do grito dos pobres e da terra – ecologia integral), seu discurso por ocasião da comemoração dos 50 anos da instituição do Sínodo dos Bispos (17/10/2015) e o próximo sínodo dos bispos em 2023, "Por uma Igreja sinodal", são decisivos para compreender sua perspectiva de organização e dinamismo eclesiais (sinodalidade – comunhão, participação, missão). E esses dois aspectos são inseparáveis para Francisco. Seu projeto de reforma eclesial, esboçado na Exortação Apostólica *A alegria do Evangelho* (*EG*), diz respeito tanto à missão quanto ao dinamismo eclesial. É uma reforma missionário-sinodal. A Igreja se renova na missão (em saída para as periferias), em um dinamismo sinodal (comunhão e participação).

Ainda que a expressão "sinodalidade" não apareça no Concílio, expressa muito bem a compreensão de Igreja do Concílio e o dinamismo eclesial por ele desencadeado. Ela indica a estrutura e o dinamismo fundamentais da Igreja como "povo de Deus". Francisco chega a dizer que, "aquilo que o Senhor nos pede, de certo modo, está já tudo contido na palavra 'sínodo'", que significa "caminhar juntos". Retomando a afirmação de São João Crisóstomo de que "Igreja e sínodo são sinônimos", Francisco afirma que "a Igreja nada mais é do que esse 'caminhar juntos' do rebanho de Deus pelas sendas da história ao encontro de Cristo Senhor". Temos aqui vários aspectos da compreensão da Igreja como "povo de Deus": ela é um *povo* (rebanho do Senhor) *peregrino* (pelas sendas da história ao encontro do Senhor) e *missionário* (caminhar juntos).

Entendida como o "caminhar juntos" do povo de Deus, a sinodalidade é uma "dimensão constitutiva da Igreja". E o fundamento permanente desse dinamismo eclesial, como bem explicitou o Concílio, é a "unção" do Espírito e o "senso da fé" que ela imprime em todos os batizados. Por essa "unção" e por esse "senso da fé", todo o povo de Deus "recebe a Palavra de Deus", "penetra-a mais profundamente e mais plenamente a aplica à vida", e se torna corresponsável pala missão evangelizadora (*LG*, 12). Isso congrega/reúne todos os batizados em uma missão comum. Isso faz da Igreja uma comunidade de irmãos (igualdade), na qual todos – na diversidade de carismas e ministérios – participam ativamente e são corresponsáveis (missão). Isso imprime na Igreja um dinamismo sinodal que consiste em um "caminhar juntos": mesmo caminho (Jesus Cristo) e mesma missão (reinado de Deus).

Ao mesmo tempo que afirma a igualdade fundamental e a corresponsabilidade missionária de todos os batizados (unidade), a sinodalidade reconhece, valoriza e integra os vários carismas e ministérios na Igreja (diversidade). Não anula as diferenças nem uniformiza tudo: a pluralidade enriquece; a uniformidade empobrece. O dinamismo sinodal é um dinamismo de "unidade na diversidade" ou "diversidade na unidade". Os dois aspectos são fundamentais e inseparáveis: unidade (vocação e missão comum) e diversidade (carismas e ministérios).

Essa tensão unidade-diversidade impede tanto a uniformização da Igreja quanto sua dispersão missionária. E cria um dinamismo de comunhão que faz com que, "dentro dela, ninguém pode ser 'elevado' acima dos outros" e que os ministérios, particularmente o ministério ordenado ou hierárquico, sejam compreendidos e vividos na lógica evangélica do serviço. Nesse sentido, Francisco fala da Igreja como uma "pirâmide invertida", na qual "o vértice encontra-se na base". Não por acaso, diz ele que, "aqueles que exercem a autoridade, chamam-se 'ministros'", isto é, "os menores no meio de todos". Se isso diz respeito a todos os ministérios, diz respeito, sobretudo, ao ministério ordenado. Francisco é muito claro e incisivo nesse ponto: "Nunca nos esqueçamos disso! Para os discípulos de Jesus, ontem, hoje e sempre, a única autoridade é a autoridade do serviço, o único poder é o poder da cruz (Mt 20,25-27)".

Para expressar graficamente esse dinamismo eclesial, Francisco tem recorrido ao modelo/imagem do "poliedro" em contraposição ao modelo/imagem da "esfera". São duas figuras da geometria. Enquanto na esfera "cada ponto é equidistante do centro, não havendo diferenças entre um ponto e outro", o poliedro "reflete a confluência de todas as partes que nele mantêm sua originalidade", reunindo "o melhor de cada um" (*EG*, 236). O que interessa a Francisco é afirmar a unidade-diversidade da Igreja, evitando tanto a uniformidade quanto a dispersão esterilizante: cada membro e cada carisma e ministério são importantes e necessários em sua diferença e singularidade; mas todos são parte da Igreja e colaboram a seu modo com sua missão no mundo. Isso faz da Igreja uma realidade sinodal que consiste em um "caminhar juntos"; uma realidade que "incorpora todos" e na qual o Evangelho se encarna "em expressões de oração, de fraternidade, de justiça, de luta e de festa" (*EG*, 237); uma realidade na qual "o todo é superior à parte", não por aniquilar a parte, mas por refletir "a confluência de todas as partes que nele mantêm sua originalidade" (*EG*, 234-237).

3.2 Caminhos e estruturas sinodais

Francisco fala da sinodalidade como "dimensão constitutiva da Igreja": fundada no mistério de comunhão da Trindade e inserida no seu desígnio criador-salvífico-santificador para a humanidade, a Igreja tem um "dinamismo de comunhão". Como bem afirmou Bento XVI na homilia da missa de abertura da Conferência de Aparecida, a propósito do chamado "Concílio de Jerusalém", o "método" conciliar/sinodal "não é uma simples questão de procedimento; é o resultado da mesma natureza da Igreja, mistério de comunhão com Cristo no Espírito".

Mas Francisco sabe que isso não é algo tão simples e fácil: "Caminhar juntos – leigos, pastores, bispo de Roma – é um conceito fácil de exprimir em palavras, mas não é assim fácil pô-lo em prática". E não se trata apenas de uma questão jurídica (organismos de participação e poder de decisão) e/ou metodológica (método pastoral), por mais importante e necessário que isso seja. Trata-se também e mais radicalmente de uma espiritualidade ou de um modo de vida que cria e desenvolve um espírito, um dinamismo, um hábito ou uma cultura de comunhão e participação. É claro que isso precisa ser traduzido/mediado em organismos jurídicos e métodos pastorais. Mas sem uma mudança de mentalidade e o cultivo de um espírito/dinamismo de comunhão e participação, esses organismos e métodos facilmente degeneram em burocratismo estéril e luta de poder, que terminam reforçando a lógica clerical do poder-dominação em contraposição à lógica evangélica do poder-serviço. É bom não esquecer que os "leigos" não estão imunes ao vírus do clericalismo...

Mudança de estrutura e mudança de hábito/mentalidade implicam-se mutuamente: "Uma identificação dos fins, sem uma condigna busca comunitária dos meios para alcançá-los, está condenada a traduzir-se em fantasias" (*EG*, 33); mas, "sem vida nova e espírito evangélico autêntico, sem 'fidelidade da Igreja à sua própria vocação', toda e qualquer nova estrutura se corrompe em pouco tempo" (*EG*, 26). Por isso mesmo, uma conversão sinodal da Igreja é e/ou implica simultaneamente uma conversão do "coração" (mentalidade, sentimento, hábito) e uma conversão das "estruturas" (organismos, meios, modos e níveis de participação).

Uma "Igreja sinodal" é uma "Igreja da escuta": 1) *escuta em um sentido profundo* que "é mais do que ouvir" e que é uma "arte": "Escutar, na comunicação com o outro, é a capacidade do coração que torna possível a proximidade, sem a qual não existe verdadeiro encontro espiritual. Escutar ajuda-nos a individuar o gesto e a palavra oportunos que nos desinstalam da cômoda condição de espectadores. Só a partir dessa escuta respeitosa e compassiva é que se pode encontrar os caminhos para um crescimento genuíno, despertar o desejo do ideal cristão, o anseio de corresponder plenamente ao amor de Deus e o anelo de desenvolver o melhor de quanto Deus semeou na nossa própria vida" (*EG*, 171). 2) *Escuta recíproca*, "onde cada um tem algo a aprender. Povo fiel, Colégio Episcopal, Bispo de Roma: cada um à escuta dos outros; e todos à escuta do Espírito Santo, o 'Espírito da Verdade' (Jo 14,17), para conhecer aquilo que ele 'diz às Igrejas' (Ap 2,7)". 3) *Escuta que é um dom do Espírito que gera comunhão* entre nós e entre nós e Deus: "escuta de Deus até ouvir com ele o grito do povo; escuta do povo até respirar nele a vontade de Deus que nos chama".

Essa sinodalidade deve se realizar em todos os níveis da vida da Igreja. Em primeiro lugar, na *Igreja local/particular ou diocesana*, que é "o sujeito primário da evangelização, enquanto é a manifestação concreta da única Igreja em um lugar da terra e, nela, 'está verdadeiramente presente e opera a Igreja de Cristo, una, santa, católica e apostólica" (*EG*, 30). Aqui, é preciso "estimular e procurar o amadurecimento dos organismos de participação propostos pelo Direito Canônico [conselho presbiteral, conselho pastoral etc.] e de outras formas de diálogo pastoral, com desejo de ouvir a todos" (*EG*, 31). Em segundo lugar, as *instâncias intermediárias de colegialidade*, como as conferências episcopais, as assembleias, articulações e coordenações regionais de pastoral que favoreçam/fortaleçam a colegialidade episcopal e a comunhão eclesial no discernimento das problemáticas e dos caminhos pastorais em uma determinada região. Em terceiro lugar, a *Igreja universal*, que encontra no sínodo dos bispos – "que une os bispos entre si e com o papa na solicitude pelo povo de Deus" – expressão privilegiada da "colegialidade episcopal dentro de uma Igreja toda sinodal".

Convém advertir com Francisco que "o objetivo destes processos participativos não há de ser principalmente a organização eclesial, mas o sonho missionário de chegar a todos" (*EG*, 31). E que, "só à medida que estes organismos permanecerem ligados a 'baixo' e partirem do povo, dos problemas do dia a dia, é que pode começar a tomar forma uma Igreja sinodal: tais instrumentos, que por vezes se movem com fadiga, devem ser valorizados como ocasião de escuta e partilha". Sem isso, terminam degenerando em um burocratismo enfadonho, estéril e inútil, como são tantos conselhos, comissões e reuniões pastorais que não dão em nada ou não levam a nada...

3.3 Sinodalidade missionária

A Igreja sinodal é, por sua própria natureza, uma Igreja missionária (*AG*, 2, 6, 35). A razão de ser da Igreja é a missão. Por isso, seu dinamismo sinodal não é independente nem muito menos contraposto à sua missão. A Igreja não existe para si, mas para a missão. E é essa missão que determina seu dinamismo interno: se sua *missão* é ser "como que o sacramento ou o sinal e instrumento de íntima união com Deus e da unidade de todo o gênero humano" (*LG*, 1), seu *dinamismo interno* só pode ser um dinamismo de comunhão. Só à medida que for *sinal de comunhão* pode ser *instrumento de comunhão* no mundo.

Não por acaso, Francisco tem insistido tanto em uma renovação missionária da Igreja (*EG*, 19-49). O Concílio já lembrava que "toda renovação da Igreja consiste essencialmente em uma fidelidade maior à própria vocação" (*UR*, 6). E João Paulo II recordava aos bispos da Oceania que "toda renovação na Igreja há de ter como alvo a missão, para não cair vítima de uma espécie de introversão eclesial" (*EG*, 25). De modo que a conversão sinodal da Igreja é essencialmente missionária: Não é um comunitarismo autossuficiente e fechado, mas um "caminhar juntos" na missão de anúncio/realização do reinado de Deus no mundo.

O fundamento último desse "caminhar juntos", conforme indicamos anteriormente, é a "unção do Espírito" e o "senso da fé" que ela imprime em todos os batizados. Isso faz da Igreja uma comunidade de irmãos, na qual "reina entre todos verdadeira igualdade quanto à dignidade e ação comum a todos os fiéis na edificação do Corpo de Cristo" (*LG*, 32). De modo que o "caminhar juntos" que caracteriza a Igreja diz respeito tanto à "comum dignidade" quanto à "ação comum" de todos os batizados, na diversidade de carismas e ministérios: *ungidos* para a *missão*.

Aqui se entende a insistência de Francisco de que, "em virtude do Batismo recebido, cada membro do povo de Deus tornou-se discípulo-missionário. Cada um dos batizados, independentemente da própria função na Igreja e do grau de instrução de sua fé, é um sujeito ativo de evangelização e [por isso] seria inapropriado pensar em um esquema de evangelização realizado por agentes qualificados, enquanto o resto do povo fiel seria apenas receptor das suas ações" (*EG*, 120). Rompendo com uma visão excessivamente clerical da Igreja, Francisco lembra que "o *senso da fé* impede uma rígida separação entre *Igreja docente* e *Igreja discente*, já que também o rebanho possui sua 'intuição' para discernir as novas estradas que o Senhor revela à Igreja".

Isso não nega a diversidade de carismas e ministérios nem produz uniformidade na Igreja, mas rompe com uma visão e um dinamismo clericais em que a Igreja aparece como uma "sociedade desigual" onde uns sabem, mandam e são sujeitos da missão (clero) e outros aprendem, obedecem e são objetos da missão (leigos). Em uma Igreja "povo de Deus", *todos* os batizados – cada um a seu modo e com seus carismas e/ou ministérios – são "ungidos" com o Espírito, dotados "com um 'instinto da fé' que os ajuda a discernir o que vem realmente de Deus" (*EG*, 119) e constituídos como "discípulos missionários" e "sujeitos ativos da evangelização" (*EG*, 120). Nisso, precisamente, consiste o dinamismo sinodal ou a sinodalidade da Igreja de que fala Francisco: "caminhar juntos" na missão, compartilhar a mesma missão, ser companheiros de caminho, fazer parte da caminhada...

Mas é importante não identificar a missão com participação em grupos e/ou atividades da Igreja (liturgia, Palavra, caridade), por mais importantes e necessários que sejam na Igreja. Tudo isso está a serviço da missão, que é algo muito mais simples e bem mais exigente. É viver segundo o Espírito de Jesus Cristo: amando a todos, inclusive os inimigos, mas, sobretudo, os caídos à beira do caminho, os pobres e marginalizados; pagando/retribuindo o mal com o bem; estabelecendo relações de igualdade e respeito com todas as pessoas; cultivando os mesmos sentimentos de Cristo Jesus, que se fez servo; fazendo do poder um serviço; denunciando tudo que atenta contra a vida humana e a casa comum; opondo-se a toda ideologia política ou religiosa que justifica/favorece desigualdade, injustiça, preconceito e violência; apoiando as organizações e lutas dos pobres e marginalizados por direitos e justiça social etc.

E essa missão se vive em casa, na rua, no trabalho, na comunidade eclesial, nas redes sociais, na política, na economia etc. Ela nos abre e nos une aos cristãos de outras Igrejas, aos crentes de outras religiões e às mais diversas pessoas e/ou grupos sociais que lutam por um mundo mais justo e fraterno. De modo que a sinodalidade missionária que caracteriza a Igreja vai criando um dinamismo eclesial de comunhão e participação (sinal), que se constitui como fermento de unidade ecumênica, inter-religiosa e social (instrumento): "Uma Igreja sinodal é como estandarte erguido entre as nações em um mundo que, apesar de invocar participação, solidariedade e transparência na administração dos assuntos públicos, frequentemente entrega o destino de populações inteiras nas mãos gananciosas de grupos restritos de poder".

CAPÍTULO IV
Desafios eclesiológicos

Como vimos ao longo desta reflexão, a Igreja é uma realidade complexa sob muitos aspectos ou em muitos sentidos: sacramento de salvação *e* corpo ou instituição social; sinal *e* instrumento do reinado de Deus no mundo; una *e* diversa; santa *e* pecadora. A tentação é sempre afirmar um aspecto em detrimento do outro: enquanto alguns negam toda institucionalidade e reduzem a Igreja a uma ideia ou essência abstrata sem corpo (espiritualismo), outros negam sua dimensão salvífico-espiritual e reduzem a Igreja a uma instituição social (sociologismo); enquanto alguns se dedicam completamente à vida interna da comunidade e acabam "esquecendo" que ela não existe para si, mas para a missão (eclesiocentrismo), outros relativizam de tal modo a vida comunitária e a construção da comunidade que acabam negando ou prescindindo da comunidade (ativismo pastoral-social); enquanto alguns afirmam a unidade da Igreja em um sentido uniformizador, que acaba negando toda diversidade e pluralidade (uniformidade), outros absolutizam de tal modo as diferenças que já não percebem confluência e unidade entre elas (dispersão/oposição); enquanto alguns destacam tanto a santidade da Igreja, que acabam esquecendo ou negando que ela também é pecadora e, por isso, sempre necessitada de conversão (otimismo ingênuo ou cínico), outros destacam de tal modo os pecados da Igreja que parecem não ver mais santidade nela (pessimismo trágico). Mas isso não faz jus à realidade complexa que é a Igreja.

A Igreja não é uma coisa *ou* outra, mas ambas as coisas: uma *e* outra. O "e" de sacramento de salvação *e* corpo ou instituição social, sinal *e* instrumento do reinado de Deus, una *e* diversa, santa *e* pecadora indica uma realidade complexa constituída de muitos aspectos ou dimensões. Os três primeiros casos (sacramento de salvação *e* corpo ou instituição social, sinal *e* instrumento do reinado de Deus, una *e* diversa) marcam e determinam positivamente a vida da Igreja e devem ser conservados e promovidos. O último caso (santa *e* pecadora) indica uma contradição que compromete o mistério da Igreja e, por isso, não deveria existir, mas, infelizmente, de fato, existe e deve ser reconhecido, enfrentado e superado. Não sejamos ingênuos com relação à presença, à força e à sutileza do pecado, não só na vida de cada um de nós, como também na vida da Igreja nos seus aspectos institucionais: relações de poder, clericalismo, aliança com os poderosos, indiferença às injustiças, discriminação etc.

É isso que justifica a necessidade permanente de conversão e/ou reforma na Igreja, como bem indica o Concílio: "Toda renovação da Igreja consiste essencialmente em uma fidelidade maior à própria vocação. [...] A Igreja peregrina é chamada por

Cristo a essa reforma perene. Dela necessita perpetuamente como instituição humana e terrena. Tanto assim que, se, em vista das circunstâncias das coisas e dos tempos, houve incorreções, quer na moral, quer na disciplina eclesiástica, quer no modo de expressar a doutrina [...], seja reta e devidamente reformado em tempo oportuno" (*UR*, 6).

E é nesse sentido que o papa Francisco fala da necessidade e da urgência de uma "transformação missionária da Igreja" (*EG*, 19-49): "Sair da própria comodidade e ter a coragem de alcançar todas as periferias que precisam da luz do Evangelho" (*EG*, 20); partir sempre do "coração do Evangelho", que é "a beleza do amor salvífico de Deus manifestado em Jesus Cristo morto e ressuscitado" (*EG*, 34); não ter medo de rever costumes, normas ou preceitos que "podem ter sido muito eficazes em outras épocas, mas já não têm a mesma força educativa como canais de vida" (*EG*, 43); "sem diminuir o valor do ideal evangélico, é preciso acompanhar, com misericórdia e paciência, as possíveis etapas de crescimento das pessoas, que se vão construindo dia após dia", e, nesse sentido, é importante lembrar aos presbíteros que "o confessionário não deve ser uma câmara de tortura, mas o lugar da misericórdia do Senhor que nos incentiva a praticar o bem possível" (*EG*, 44); se a Igreja deve "chegar a todos", deve chegar "sobretudo aos pobres e aos doentes, àqueles que muitas vezes são desprezados e esquecidos. [...] Não devem subsistir dúvida nem explicações que debilitem essa mensagem claríssima [do Evangelho]. Hoje e sempre 'os pobres são os destinatários privilegiados do Evangelho' [Bento XVI], e a evangelização dirigida gratuitamente a eles é sinal do Reino que Jesus veio trazer.

Há que afirmar sem rodeios que existe um vínculo indissolúvel entre nossa fé e os pobres" (*EG*, 48).

Na verdade, como indicamos na primeira parte do livro, o que Francisco faz é retomar e atualizar o processo de reforma eclesial desencadeado pelo Concílio Vaticano II (*EG*, 26) e dinamizado pela Igreja latino-americana, a partir da "opção preferencial pelos pobres", que está no coração do Evangelho do reinado de Deus e faz da Igreja uma "Igreja pobre e para os pobres". Para avançar nesse processo de renovação é necessário e urgente recuperar a centralidade do Evangelho de Jesus Cristo, deixar-se conduzir por seu Espírito e cultivar as dimensões comunitária e profético--martirial da Igreja.

1. "Recuperar o projeto de Jesus"

Toda autêntica renovação da Igreja consiste em uma volta a Jesus e a seu Evangelho, em cujo centro está o amor de Deus pela humanidade e sua compaixão e misericórdia pelos pobres, marginalizados e sofredores. Nem um "jesus" sem Evangelho (meu "jesus"), nem um "evangelho" sem Jesus (meu "evangelho"), mas Jesus de Nazaré e seu Evangelho. Aqui está a fonte permanente de renovação da Igreja.

Se quiser recuperar seu frescor e seu vigor originais, a Igreja tem que voltar às fontes: o encontro pessoal (não individualista/ intimista) com Jesus Cristo e a acolhida do Evangelho do reinado de Deus, que nos faz viver como irmãos (fraternidade) e nos compromete com os pobres, marginalizados e sofredores (misericórdia). Só essa volta a Jesus Cristo e a seu Evangelho pode renovar a Igreja por dentro e recuperar seu poder de atração e transformação das pessoas e da sociedade. Essa renovação evangélica da Igreja implica uma verdadeira "conversão pastoral", que não ponha no centro da fé e da ação pastoral-evangelizadora práticas religiosas (culto, doutrina, devoções etc.) nem interesses institucionais (crescimento, projeção, poder social, dízimo etc.), mas sim a vivência pessoal e social do Evangelho (fraternidade, perdão, solidariedade, respeito, poder-serviço, misericórdia, justiça etc.).

E essa é a grande provocação que o papa Francisco tem feito à Igreja: "Voltar à fonte e recuperar o frescor original do Evangelho" (*EG*, 11). Isso produz a alegria (*alegria do Evangelho, alegria do amor, alegria da verdade* etc.) que transforma a vida das pessoas e fermenta a sociedade com um dinamismo/espírito de fraternidade, justiça e paz. Isso revigora o dinamismo missionário da Igreja, que se sente impulsionada a anunciar e propor essa experiência a outras pessoas, "não como quem impõe uma nova obrigação, mas como quem partilha uma alegria, indica um horizonte estupendo, oferece um banquete apetecível" (*EG*, 14). Isso confere autoridade à Igreja e recupera sua credibilidade na sociedade e seu poder de atração das pessoas.

É curioso como nossas comunidades – sobretudo suas lideranças – conservam e transmitem com tanto zelo as expressões da fé (ritos, doutrinas, normas, ministérios etc.) e cuidam tanto dos bens e das finanças (templo, dízimo, reformas etc.), mas têm tanta dificuldade de viver a fraternidade, o perdão, a partilha, o cuidado dos pobres e marginalizados, o poder como serviço, a profecia etc. Embora com dificuldades, todas as comunidades cuidam da liturgia, da catequese e do dízimo; porém, para o cuidado dos pobres, sobretudo a luta por seus direitos, quase não há pessoas disponíveis e nunca há recurso (o dízimo nunca alcança os pobres!). O que era central na vida de Jesus, tornou-se secundário na vida de nossas comunidades. E parece não haver escrúpulo com isso... Falando da "situação das famílias caídas na miséria, penalizadas de tantas maneiras", o papa Francisco chega a dizer na Encíclica *Amoris Laetitia* que, "em vez de oferecer a força sanadora da graça e da luz do Evangelho, alguns querem 'doutrinar' o Evangelho, transformá-lo em 'pedras mortas para jogá-las contra os outros'" (*AL*, 49).

Mas Jesus não propõe sem mais uma doutrina ou um conjunto de práticas religiosas. Ele propõe um *modo de vida* dinamizado na força e no poder do Espírito. Esse modo de vida se concretiza na *relação filial com Deus* (Pai) e na *relação fraterna com os outros, sobretudo com os pobres e marginalizados* (reinado de Deus). Certamente, esse modo de vida se expressa e se traduz em *ritos* (oração pessoal e comunitária, sacramentos etc.), *doutrinas* (Deus como Pai de bondade e misericórdia, amor a Deus e aos irmãos como mandamento maior, poder como serviço etc.), *normas* (misericórdia como norma suprema, perdão aos inimigos, subordinação do sábado e dos ritos de pureza à prática da misericórdia etc.), e vai suscitando carismas e ministérios importantes e necessários para seu dinamismo e propagação (anúncio do Evangelho, diaconia aos pobres, culto, presidência da comunidade etc.). Mas tudo isso como expressão e mediação desse modo de vida e sempre subordinado e a serviço dele: ritos, doutrinas, normas e ministérios *da fé*, que é fundamentalmente *um modo de vida*.

Nesse sentido, podemos entender bem a insistência do teólogo espanhol Antonio Pagola de "voltar a Jesus"[1] e "recuperar o projeto de Jesus".[2] Isso não significa que Jesus e seu Evangelho não estejam presentes na Igreja, mas que a ênfase excessiva na doutrina, no culto e no crescimento institucional da Igreja acaba relativizando e ocultando o que é mais essencial e constitui o coração do Evangelho de Jesus, que é a vivência pessoal, comunitária e social do amor de Deus, a qual nos faz viver como irmãos e nos compromete com os pobres, marginalizados e sofredores. "Recuperar o projeto de Jesus" é fazer da vivência do Evangelho o coração e a razão de ser da Igreja. Tudo na Igreja (liturgia, catequese, ministérios, atividades etc.) deve girar em torno e em função do anúncio e da vivência do reinado de Deus. Como bem dizia Paulo VI: "Só o reino de Deus é absoluto. Todo o resto é relativo" (*EN*, 8).

2. Deixar-se "guiar pelo Espírito"

A adesão a Jesus e a vivência do seu Evangelho só são possíveis no Espírito Santo. Só no Espírito podemos confessar Jesus como Cristo (1Cor 12,3; 1Jo 4,2), viver em uma relação filial com o Pai (Rm 8,14-16; Gl 4,6) e observar o mandamento do amor fraterno (Gl 5,13-25). Assim como Jesus realizou sua missão na força e no poder do Espírito (Lc 4,14-21; At 10,38), também a Igreja só pode realizar sua missão na força e no poder do Espírito (At 2,1-12).

---

[1] Cf. PAGOLA, José Antonio. *Voltar a Jesus*: para uma renovação das paróquias e comunidades. Petrópolis: Vozes, 2015.

[2] Cf. PAGOLA, José Antonio. *Recuperar o projeto de Jesus*. Petrópolis: Vozes, 2019.

O Concílio recorda essa centralidade do Espírito na Igreja: ele santifica permanentemente a Igreja; é o "Espírito da vida ou a fonte de água que jorra para a vida eterna"; "por ele o Pai vivifica os homens mortos pelo pecado, até que em Cristo ressuscite seus corpos mortais"; ele "habita na Igreja e nos corações dos fiéis como em um templo"; "neles ora e dá testemunho de que são filhos adotivos"; "leva a Igreja ao conhecimento da verdade total"; "unifica-a na comunhão e no ministério"; "dota-a e dirige-a mediante os diversos dons hierárquicos e carismáticos"; "adorna-a com seus frutos"; "pela força do Evangelho, ele rejuvenesce a Igreja, renova-a permanentemente e leva-a à união consumada com o Esposo" (*LG*, 4).

E na abertura da 4ª Assembleia do Conselho Mundial das Igrejas, em Upsala, Suécia, em 1968, Ignace Hazim, que se tornou depois o Patriarca Ignácio IV de Antioquia, em um discurso que se tornou clássico, perguntava-se "como o acontecimento pascal, realizado uma vez por todas, vem a nós hoje". E a resposta não poderia ser outra: "Por meio daquele que é o artífice desde a origem e na plenitude do tempo, o Espírito. Ele é a presença do Deus conosco 'junto a nosso espírito' (Rm 8,16). Sem ele, Deus está longe; Cristo permanece no passado; o Evangelho é letra morta; a Igreja, uma simples organização; a autoridade, um domínio; a missão, uma propaganda; o culto, uma evocação; o agir cristão, uma moral de escravos. Contudo, nele, e em uma sinergia indissociável, o cosmos é sustentado e geme no parto do Reino; o homem está em luta contra a carne; Cristo Ressuscitado está aqui; o Evangelho fonte de vida; a Igreja significa a comunhão trinitária; a autoridade é um serviço libertador; a missão é Pentecostes; a liturgia é memorial e antecipação; o agir humano é divinizado".

Mas é importante recordar que o Espírito Santo é o Espírito de Jesus de Nazaré; o Espírito que ungiu, guiou e sustentou Jesus na sua missão de anúncio-realização do reinado de Deus até o limite da cruz. Ele dá testemunho de Jesus (Jo 15,26), ensina e recorda tudo o que Jesus disse e fez (Jo 14,26). Sua missão é continuar a obra de Jesus: tornar presente o reinado de Deus no mundo, que consiste em viver em uma relação filial com o Pai (filiação) e em uma relação fraterna com os irmãos (fraternidade), e que tem no serviço aos caídos à beira do caminho, aos pobres, marginalizados e sofredores seu critério e sua medida (misericórdia). Não por acaso, o Espírito é invocado na Igreja, em um hino muito antigo, como "Pai dos pobres". E, não por acaso, o teólogo espanhol-boliviano Victor Codina tem insistido tanto que "o Espírito do Senhor atua a partir de baixo" e se revela, antes de tudo, como "força dos fracos".[3]

Os movimentos pentecostais (protestantes e católicos) têm insistido muito na centralidade do Espírito na Igreja, mas infelizmente não insistem tanto naquilo que é, por excelência, a obra do Espírito, tal como aparece na vida de Jesus: amor, fraternidade, perdão, compaixão, misericórdia, justiça etc. Falam tanto de "línguas", "repouso", "curas", "milagres" etc. que acabam relativizando ou esquecendo o essencial, que é a vivência do amor fraterno (1Cor 13). Dão tanta ênfase a práticas religiosas que acabam relativizando os verdadeiros frutos do Espírito (Gl 5,22).

---

[3] Cf. CODINA, Victor. *"Não extingais o Espírito"* (1Ts 5,19): iniciação à pneumatologia. São Paulo: Paulinas, 2010; idem. *O Espírito do Senhor*: força dos fracos. São Paulo: Paulinas, 2019.

Enquanto os Evangelhos falam do Espírito a partir de Jesus e seu anúncio/realização do reinado de Deus (Lc 4,14-21), em cujo centro está o cuidado com os caídos à beira do caminho (Lc 10,25-37) ou o serviço aos necessitados (Mt 25,31-46), a tendência mais comum na Igreja é falar do Espírito a partir de práticas religiosas (oração, jejum, adoração etc.) ou experiências subjetivas (emoção intensa). Tanto que, sempre que se fala de vida espiritual ou de espiritualidade, pensa-se logo em práticas religiosas. Não é a vivência pessoal e social do Evangelho que conta em última instância, mas a observância de práticas religiosas. Uma pessoa ou comunidade é considerada mais ou menos espiritual não por viver-agir segundo o Espírito de Jesus, mas por praticar muitas obras religiosas. Chegamos ao extremo de pessoas muito religiosas difundirem preconceitos, defenderem tortura e pena de morte, serem contra os direitos humanos e as lutas e as organizações dos pobres por seus direitos...

Deixar-se "guiar pelo Espírito" (Gl 5,13-25) é viver segundo o mandamento único do amor e no serviço aos pobres e marginalizados. Isso tem muitas implicações para a liturgia, a catequese, as prioridades e atividades pastorais, o dízimo etc.

3. Viver em comunidade

Enquanto entrega confiante ao Pai a configuração da vida a partir e em função de seu desígnio salvífico, a fé cristã é mediada pela Igreja e constitui-nos como Igreja – seu corpo vivo e atuante na história. É a dimensão eclesial da fé em seu duplo aspecto de *mediação* pela Igreja e *incorporação* na Igreja.

A fé de Jesus chega a nós *através da Igreja*. Não obstante todas as suas ambiguidades e contradições (pecado), é a Igreja quem, na força e no poder do Espírito, conserva e transmite a fé de Jesus (santidade). Não se pode falar de fé cristã independentemente da Igreja. A fé cristã é a fé *da* Igreja. Por isso, no Batismo de crianças, após a profissão de fé, sempre se recorda: "Esta é a nossa fé, que da Igreja recebemos e sinceramente professamos...". E, antes de batizar a criança, pergunta-se aos pais e padrinhos se querem que ela "seja batizada na fé da Igreja que acabamos de professar". A fé é dom/graça de Deus em Jesus Cristo e no seu Espírito, através da Igreja que, "na sua doutrina, na sua vida e no seu culto" (*DV*, 8), conserva, transmite e atualiza a fé de Jesus e, assim, constitui-se, em sentido estrito, como Tradição de Jesus. Enquanto mediação da fé, a Igreja faz parte do desígnio salvífico de Deus para a humanidade. É obra do Espírito, como indica o terceiro artigo do Símbolo da Fé.

A fé chega a nós através da Igreja (mediação) e *constitui-nos como Igreja*: "povo de Deus", "corpo de Cristo", "templo do Espírito" (incorporação). A eclesialidade da fé diz respeito não apenas ao fato de ser mediada pela Igreja (fé *da* Igreja), como também ao fato de ser vivida na Igreja e como Igreja (fé *em* Igreja). A fé nos reúne e nos constitui como "Igreja una, santa, católica e apostólica", como reza o símbolo niceno-constantinopolitano. E no duplo sentido ou aspecto de que fala o Concílio Vaticano II: "sinal e instrumento" de salvação ou do reinado de Deus no mundo (*LG*, 1). Enquanto "sinal", é lugar privilegiado da memória, celebração e vivência da salvação ou do reinado de Deus (configuração da vida segundo o desígnio salvífico de Deus). Enquanto "instrumento", é mediação privilegiada da salvação ou do reinado de Deus no mundo (fermento, sal, luz, semente, germe da salvação ou do reinado de Deus na sociedade). Sem esquecer, claro, que, "fora de sua realidade visível, encontram-se muitos elementos de santidade e de verdade" (*LG*, 8). E não só nas outras Igrejas cristãs, mas também nas outras religiões e nos vários setores e instâncias da sociedade. Daí a exortação conciliar ao diálogo ecumênico (*UR*), ao diálogo inter-religioso (*NA*) e ao diálogo com todas as pessoas e todos os grupos na sociedade (*GS*).

Infelizmente, esse caráter comunitário que marca tão fortemente os primórdios da Igreja foi se perdendo ou se diluindo ao longo dos séculos, reduzindo-se a profissão de doutrina, participação nos sacramentos e/ou devoção. Só aos poucos isso foi sendo retomado nos últimos tempos. O Concílio Vaticano II fala da Igreja como "povo de Deus". As conferências de Medellín e Puebla concretizam esse povo de Deus em termos de "comunidades eclesiais de base". Mas isso se perdeu muito nas últimas décadas. As comunidades foram se transformando ou se reduzindo a comunidades de culto/devoção e catequese/doutrina, em prejuízo da vida comunitária e, sobretudo, do compromisso com os pobres e marginalizados e com a luta pela justiça social.

O Documento 100 da CNBB, "Comunidade de comunidades: uma nova paróquia", e as novas "Diretrizes Gerais da Ação Evangelizadora na Igreja do Brasil" (2019-2023) insistem muito na importância da comunidade. As Diretrizes falam da comunidade como "ambiente de vivência da fé e forma de presença da Igreja na sociedade" (*DGAE*, 144). Ela possibilita "um ambiente humano de proximidade e confiança que favorece a partilha de experiência, a ajuda mútua e a inserção nas variadas situações" (*DGAE*, 34); vence "o anonimato e a solidão" e abre-se "para a sociedade e o cuidado da casa comum" (*DGAE*, 84); ajuda a "encontrar critérios para interpretação e interação com a realidade" (*DGAE*, 28), oferece "meios adequados para o crescimento na fé, para o fortalecimento na comunhão fraterna, para o engajamento na missão e a renovação da sociedade" (*DGAE*, 33); suscita carismas e ministérios (*DGAE*, 86, 87); e constitui-se como "testemunho do Evangelho encarnado na história, encravado nas realidades, comprometido com as dores e as lutas dos homens e das mulheres, dos jovens, das crianças e dos idosos do nosso país, expressão de uma realidade nova: o Reino de Deus" (*DGAE*, 1125).

A comunidade eclesial – alicerçada na Palavra, no pão e na caridade – é fundamental para a vivência da fé e para a missão da Igreja. É importante, necessário e urgente revigorar as comunidades existentes e criar muitas outras comunidades. Mas é fundamental que essas comunidades se constituam como lugar de oração, de vida fraterna e de compromisso com os pobres e marginalizados; que estejam centradas na vivência pessoal, comunitária e social do Evangelho; que cuidem dos serviços/ministérios que são essenciais para sua vida e missão: Palavra, culto, caridade, unidade/coordenação; que sejam na sociedade "sinal e instrumento" de fraternidade, perdão, compaixão, justiça e defesa dos direitos dos pobres e marginalizados.

4. "Não deixar cair a profecia"

A situação de pobreza e miséria em que vive grande parte da população, as mais diversas formas de preconceito, injustiça e marginalização em nossa sociedade e a destruição da natureza são a expressão mais clara e radical de rejeição e oposição a Deus e a seu desígnio para a humanidade: constituem-se como um atentado contra sua obra criadora e como recusa e oposição a seu projeto de fraternidade, justiça e paz para a humanidade. E nisso precisamente consiste o pecado. Nas palavras de dom Oscar Romero: "Pecado é aquilo que deu morte ao Filho de Deus e pecado continua sendo aquilo que dá morte aos filhos de Deus".

Em um mundo assim tão fortemente marcado pelo pecado, a adesão a Jesus e a seu Evangelho do reinado de Deus ou o deixar-se "guiar pelo Espírito" tem um caráter profético,[4] no tríplice sentido que indicava dom Pedro Casaldáliga na Romaria dos Mártires da Caminhada, na Prelazia de São Félix do Araguaia, em 2016, e que tinha como tema "Profetas do Reino": *anúncio* da Boa-Nova do reinado de Deus aos pobres e marginalizados: "bem aventurados..." (Lc 6,20-23); *denúncia* do antirreino, de tudo que produz injustiça, marginalização e morte: "ai de vós..." (Lc 6,24-26); *consolo* dos pobres, marginalizados e sofredores: "consolai meu povo" (Is 40,1).

E se a profecia produz *consolo, alegria e esperança* para os pobres e marginalizados, provoca também *rejeição, aversão e oposição* por parte dos que se dão bem com a situação de pobreza, miséria e marginalização em nossa sociedade. A oposição pode chegar ao extremo do martírio, como aconteceu com Jesus e, nos seus passos, com Santo Dias (30/10/1979 – São Paulo), dom Oscar

---

[4] Cf. COMBLIN, José. *A profecia na Igreja*. São Paulo: Paulus, 2009; PAGOLA, José Antonio. *Recuperar o projeto de Jesus*. Petrópolis: Vozes, 2019, p. 78-100; AQUINO JÚNIOR, Francisco de. *Teologia em saída para as periferias*. São Paulo: Paulinas, 2019, p. 245-251.

Romero (24/03/1980 – El Salvador), padre Josimo (10/05/1986 – Maranhão), Irmã Doroth (12/02/2005 – Pará) e tantos e tantas que, por causa do Evangelho, se dedicaram ao serviço dos pobres e marginalizados na luta por seus direitos. Jesus mesmo advertiu seus discípulos sobre isso: "Se me perseguiram, perseguirão também a vocês" (Jo 15,20).

Sempre que a Igreja, na fidelidade ao Evangelho, assume a causa dos pobres e marginalizados, na defesa e na luta por seus direitos, enfrenta oposição e perseguição na sociedade e na própria comunidade eclesial. Basta ver as resistências e oposições que as pastorais sociais enfrentam na sociedade e na própria Igreja. Na Exortação Apostólica sobre o chamado à santidade no mundo atual, o papa Francisco denuncia como uma das "ideologias que mutilam o coração do Evangelho" a postura de pessoas que "vivem suspeitando do compromisso social dos outros, considerando-o algo de superficial, mundano, secularizado, imanentista, comunista, populista; ou então o relativizam como se houvesse outras coisas mais importantes, como se interessasse apenas uma determinada ética ou um arrazoado que eles defendem. [...] Não podemos propor-nos um ideal de santidade que ignore a injustiça deste mundo" (*GE*, 101). Ele mesmo tem sido vítima desse tipo de crítica: seja por grupos reacionários na Igreja que o criticam e o acusam aberta e publicamente, seja de modo mais indireto e sutil pela indiferença a suas orientações pastorais nas paróquias e dioceses, sobretudo por parte de bispos e padres. Há quem chegue até a dizer na Igreja que "a utopia de uma sociedade justa, fraterna e igualitária caiu com o muro de Berlim e a corrupção do PT", como se o compromisso da Igreja com os pobres e a luta por um mundo mais justo e fraterno não brotasse do coração do Evangelho e não fosse uma dimensão/exigência fundamental da fé.

Quando isso acontece, a Igreja se afasta de Jesus e de seu Evangelho e se fecha à ação do Espírito. Pode crescer como instituição religiosa (corpo social), mas recusa/nega sua missão salvífica ("sinal e instrumento" do reinado de Deus no mundo). É o perigo e a tentação de nossas comunidades, paróquias e dioceses: tão preocupadas com doutrina, culto, dízimo, multidão etc. que passa à margem dos caídos à beira do caminho (Lc 10,25-37) e se torna indiferente ao Senhor, que se identifica com a humanidade sofredora (Mt 25,31-46); tanta devoção/atividade/instituição e tão pouco Espírito/Evangelho... Sem falar de pessoas e grupos na Igreja que se opõem abertamente a direitos humanos, que defendem tortura e pena de morte, que são contra qualquer política social em favor dos pobres, que condenam toda organização popular e luta por diretos sociais, que defendem e promovem machismo, racismo, homofobia e todo tipo de preconceito... Aqui, clara e abertamente, já não há lugar para o Evangelho de Jesus. Chegamos ao extremo, na última eleição presidencial, de grupos de Igreja trocarem a cruz de Jesus (fonte de vida) por uma arma (fonte de morte)...

Nesse contexto, ecoa com muita força o apelo de dom Helder, pouco antes de morrer: "Não deixem cair a profecia". E o cerne da profecia é a insistência na inseparabilidade entre a fé em Deus e a observância e defesa do direito dos pobres e marginalizados. Eles são/serão, Nele, juízes e senhores de nossas vidas e de nossa Igreja...

A modo de conclusão: por uma Igreja verdadeiramente eucarística

Tratamos de dois aspectos fundamentais do mistério da Igreja que dizem respeito à sua missão e constituição: ela é "povo de Deus" (comunhão) chamado/enviado a ser "sacramento do reinado de Deus" no mundo (missão). E esse duplo aspecto do mistério da Igreja encontra na liturgia eucarística sua expressão e sua fonte por excelência. Certamente, como recorda o Concílio, "a Sagrada Liturgia não esgota toda a ação da Igreja". Supõe, inclusive, anúncio, conversão, caridade, piedade, apostolado (SC, 9). Todavia, ela é "o cume para o qual tende toda a ação da Igreja e, ao mesmo tempo, é a fonte de onde emana toda sua força" (SC, 10). Enquanto cume e fonte da vida cristã, a liturgia eucarística é inseparável de uma vida eucarística. O Concílio chega a afirmar que "a participação no corpo e sangue de Cristo não faz outra coisa senão transformar-nos naquilo que tomamos" (*LG*, 26). A comunhão sacramental no corpo de Cristo (liturgia eucarística) nos transforma no corpo eclesial de Cristo (vida eucarística): faz de nós um só corpo ("povo de Deus") e nos torna participantes e corresponsáveis da missão de Jesus no mundo ("sacramento do reinado de Deus").

Na celebração da Eucaristia, invocamos o Espírito Santo sobre as *oferendas*, "a fim de que se tornem para nós o Corpo e o Sangue de Jesus Cristo" e sobre toda a *Igreja*, para que, "participando do Corpo e Sangue de Cristo, sejamos reunidos [...] em um só corpo". É a grande súplica da Igreja: "Fazei de nós um só corpo e um só espírito!". E é o grande milagre eucarístico: transformar-nos no corpo de Cristo no mundo.

Essa transformação eucarística da Igreja no corpo de Cristo tem uma dupla dimensão: "nos une a Cristo e aos irmãos". A Eucaristia nos une de tal modo a Jesus Cristo que nos faz "participar" de sua vida[1] e nos "transforma" em seu corpo,[2] através do qual ele continua vivo e operante na história e, na força do Espírito, leva adiante a salvação do mundo. Pela Eucaristia, a Igreja é associada à missão de Jesus de anunciar a Boa Notícia do reinado de Deus, que vai se concretizando na vida fraterna e no compromisso com os pobres e marginalizados, e que tem nas necessidades da humanidade sofredora sua medida e seu critério escatológicos (Mt 25,31-46).

Daí o vínculo essencial e indissolúvel entre a comunhão eucarística (participação na ceia do Senhor), a comunhão eclesial

---

[1] Oração pós-comunhão – 28º e 34º Domingo do Tempo Comum.
[2] Oração pós-comunhão – 27º Domingo do Tempo Comum.

(vida fraterna, comunhão e participação) e a participação em sua missão salvífica no mundo (mandamento do amor, compromisso com os pobres e marginalizados), como tantas vezes cantamos em nossas celebrações: "o pão da vida, a comunhão, nos une a Cristo e aos irmãos"; "só comunga nesta ceia quem comunga na vida do irmão"... A Eucaristia gera na Igreja um dinamismo sinodal (comunhão e participação) missionário (sinal e instrumento do reinado de Deus no mundo). Ela não nos aliena do mundo nem nos torna cúmplices das injustiças sociais, mas, ao contrário, faz-nos participar da missão de Jesus Cristo, comprometendo-nos com os pobres e marginalizados deste mundo.

Por isso, a súplica que fazemos na celebração da Eucaristia, para sermos transformados no corpo de Cristo: "Fazei de nós um só corpo e um só espírito", não deve ser entendida em um sentido meramente metafórico e "piedoso". Deve ser entendida e vivida como algo eficaz, como algo que, na força e no poder do Espírito, se torna realidade em nós e em nossas comunidades, como algo que faz de nós "povo de Deus" – "sacramento do reinado de Deus". Importa suplicarmos e deixarmos que o Espírito nos transforme no corpo de Cristo no mundo. E, guiados por esse mesmo Espírito, importa nos esforçarmos para crescermos como "povo de Deus" na fidelidade à missão de ser "sacramento do reinado de Deus" no mundo e para o mundo.

E, aqui, é preciso levar muito a sério os desafios que indicamos no item anterior: "Recuperar o projeto de Jesus", deixar-se "guiar pelo Espírito", viver em comunidade e "não deixar cair a profecia". O caminho para isso – como ensinou Jesus, como ensina a Tradição da Igreja, como temos comprovado na América Latina e como tanto tem insistido o papa Francisco – é voltar às galileias/periferias do mundo... A volta às fontes que renova e revigora a Igreja é sempre uma volta aos pobres e marginalizados com os quais o Senhor se identifica, através dos quais nos convoca e aos quais nos envia.

Caminhemos, pois, nos passos de Jesus, na força do Espírito, em companhia dos santos, profetas e mártires da caminhada: sempre na fidelidade ao Evangelho do reinado de Deus, que se vive na fidelidade aos pobres e marginalizados da terra.

Dom Fragoso e Pe. Alfredinho, profetas do Reino e animadores de comunidades nos sertões de Crateús e dos Inhamuns, interior do Ceará, roguem a Deus para que nossas comunidades se tornem cada vez mais "Igreja dos pobres" – "sinal e instrumento" do reinado de Deus neste mundo.

Referências bibliográficas

ALBERIGO, Giuseppe. *Breve história do Concílio Vaticano II*. Aparecida: Santuário, 2006.

ALMEIDA, Antônio José. *Novos Ministérios*: a necessidade de um salto à frente. São Paulo: Paulinas, 2013.

_____. *Sois um em Cristo Jesus*. São Paulo: Paulinas, 2012.

AQUINO JÚNIOR, Francisco de. *Igreja dos pobres*. São Paulo: Paulinas, 2018.

_____. *Renovar toda a Igreja no Evangelho*: desafios e perspectivas para a conversão pastoral da Igreja. Aparecida: Santuário, 2019.

_____. *Teologia em saída para as periferias*. São Paulo: Paulinas, 2019.

BARREIRO, Álvaro. *"Povo santo e pecador"*: a Igreja questionada e acreditada. São Paulo: Loyola, 1994.

BEOZZO, José Oscar. Medellín: seu contexto em 1968 e sua relevância 50 anos depois. In: GODOY, Manuel; AQUINO

JÚNIOR, Francisco de. *50 anos de Medellín*: revisitando os textos, retomando o caminho. São Paulo: Paulinas, 2017.

_____. *Pacto das Catacumbas*: por uma Igreja servidora e pobre. São Paulo: Paulinas, 2015.

BOFF, Leonardo. *E a Igreja se fez povo*: Eclesiogênese – a Igreja que nasce da fé do povo. Petrópolis: Vozes, 1991.

BRIGHENTI, Agenor. *Em que o Vaticano II mudou a Igreja*. São Paulo: Paulinas, 2016.

CAMARA, Dom Helder. *Circulares pós-conciliares*: de 25/26 de fevereiro de 1968 a 30/31de dezembro de 1968. Recife, CEPE, 2013, v. IV, tomo II, p. 236.

CARIAS, Celso Pinto. *Ministérios leigos nas CEBs*. São Leopoldo: ISER/CEBI, 2013.

CNBB. *Missão e ministério dos cristãos leigos e leigas*. São Paulo: Paulinas, 2012. (Doc. 62).

CODINA, Victor. *"Não extingais o Espírito"* (1Ts 5,19): iniciação à pneumatologia. São Paulo: Paulinas, 2010.

_____. *O Espírito do Senhor*: força dos fracos. São Paulo: Paulinas, 2019.

_____. *Para compreender a eclesiologia a partir da América Latina*. São Paulo: Paulinas, 1993.

COMBLIN, José. *A profecia na Igreja*. São Paulo: Paulus, 2009.

_____. *O povo de Deus*. São Paulo: Paulus, 2002.

COMISSÃO TEOLÓGICA INTERNACIONAL. *A sinodalidade na vida e missão da Igreja*. Brasília: CNBB, 2018;

_____. *O sensus fidei na vida da Igreja*. São Paulo: Paulinas, 2015.

DALLAGNOL, Wilson. Paisagem eclesial. In: PILONETTO, Adelino; ZAMPIERI, Gilmar; BERNARDI, José (org.). *Paisagens teológicas*: curso de teologia à distância. Porto Alegre: ESTEF, 2006.

FRANÇA MIRANDA, Mario de. *A Igreja em transformação*: razões atuais e perspectivas futuras. São Paulo: Paulinas, 2019.

_____. *Igreja sinodal*. São Paulo: Paulinas, 2018.

FUELLENBACH, John. *Igreja*: comunidade para o Reino. São Paulo: Paulinas, 2006.

HUMES, Cláudio. *Grandes metas do Papa Francisco*. São Paulo: Paulus, 2017.

KASPER, Walter. *A Igreja Católica*: essência, realidade, missão. São Leopoldo: Unisinos, 2012.

KEHL, Medard. *A Igreja*: uma eclesiologia católica. São Paulo: Loyola, 1997.

_____. *Crer na Igreja*. São Paulo: Paulinas, 2011.

LIBANIO, João Batista. *Concílio Vaticano II*: em busca de uma primeira compreensão. São Paulo: Loyola, 2005.

MESTERS, Carlos. *Com Jesus na contramão*. São Paulo: Paulinas, 1995.

MICHELS, Toni. *"Entre vós seja assim"*: a Igreja organizada a partir de comunidades de base. São Leopoldo: ISER/CEBI, 2012.

MOLTMANN, Jürgen. *A Igreja no poder do Espírito*. Santo André: Academia Cristã, 2013.

PAGOLA, José Antonio. *Recuperar o projeto de Jesus*. Petrópolis: Vozes, 2019, p. 78-100.

_____. *Voltar a Jesus*: para uma renovação das paróquias e comunidades. Petrópolis: Vozes, 2015.

PAPA FRANCISCO. *Carta por ocasião do centenário da Faculdade de Teologia da Pontifícia Universidade Católica Argentina* (03/03/2015). Disponível em: https://w2.vatican.va/content/francesco/pt/letters/2015/documents/papa-francesco_20150303_lettera-universita-cattolica-argentina.html. Acesso em: 25 ago. 2020.

_____. *Comemoração do Cinquentenário da Instituição do Sínodo dos Bispos* (17/10/2015). Disponível em: http://www.vatican.va/content/francesco/pt/speeches/2015/october/documents/papa-francesco_20151017_50-anniversario-sinodo.html. Acesso em: 25 ago. 2020.

_____. *Discurso na comemoração do cinquentenário da instituição do Sínodo dos Bispos*. Disponível em: http://w2.vatican.va/content/francesco/pt/speeches/2015/october/documents/papa-francesco_20151017_50-anniversario-sinodo.html. Acesso em: 25 ago. 2020.

_____. *Homilia na solenidade do Corpo e Sangue de Cristo* (04/06/2015). Disponível em: https://w2.vatican.va/content/francesco/pt/homilies/2015/documents/papa-francesco_20150604_omelia-corpus-domini.html. Acesso em: 25 ago. 2020.

_____. *Pelos diáconos* (05/05/2020). Disponível em: https://www.youtube.com/watch?v=MZMlnIusw1g. Acesso em: 25 ago. 2020.

_____. *Visita ao bairro pobre de Kangemi, Nairóbi – Quênia*: discurso. Disponível em: http://w2.vatican.va/content/francesco/pt/speeches/2015/november/documents/papa-francesco_20151127_kenya-kangemi.html. Acesso em: 25 ago. 2020.

PIÉ-NINOT, Salvador. *Crer na Igreja*. São Paulo: Paulinas, 2011.

_____. *Introdução à eclesiologia*. São Paulo: Loyola, 1998.

RAUSCH, Thomas. *Rumo a uma Igreja verdadeiramente católica*. São Paulo: Loyola, 2008.

REPOLE, Roberto. *O sonho de uma Igreja evangélica*: a eclesiologia do Papa Francisco. Brasília: CNBB, 2018.

SANTANA, Julio. *Ecumenismo e libertação*. Petrópolis: Vozes, 1991.

SOBRINO, Jon. *Jesus, o Libertador*: a história de Jesus de Nazaré. Petrópolis: Vozes, 1996.

_____. *Ressurreição da verdadeira Igreja*: os pobres, lugar teológico da eclesiologia. São Paulo: Loyola, 1981.

TABORDA, Francisco. *A Igreja e seus ministros*: uma teologia do ministério ordenado. São Paulo: Paulus, 2011.

TRIGO, Pedro. *Papa Francisco*: expressão atualizada do Concílio Vaticano II. São Paulo: Paulinas, 2019.

VALENTINI, Demétrio. *Revisitar o Concílio Vaticano II*. São Paulo: Paulinas, 2011; ALMEIDA, Antonio José de. ABC do Concílio Vaticano II. São Paulo: Paulinas, 2015.

VELASCO, Rufino. *A Igreja de Jesus*: processo histórico da consciência eclesial. Petrópolis: Vozes, 1996.

WOLFF, Elias. *A unidade da Igreja*: ensaio de eclesiologia ecumênica. São Paulo: Paulus, 2007.

Rua Dona Inácia Uchoa, 62
04110-020 – São Paulo – SP (Brasil)
Tel.: (11) 2125-3500
http://www.paulinas.com.br – editora@paulinas.com.br
Telemarketing e SAC: 0800-7010081